Jag vill rikta ett tack till alla som har gjort det möjligt för mig att skriva den här boken och som har gett mig fin respons på det jag tidigare skrivit på hemsida, blogg, informationsbrev, om kurser och vid föredrag som jag hållit.

Det har inspirerat mig att fortsätta försöka lära ut det som jag tycker är det viktigaste när man vill bli en riktig investerare som är superbra på aktier och verkligen kan slå börsproffsens avkastning.

Resultatet av det stödet jag fått är den här boken. Nu har du möjlighet att se efter om jag har lyckats ge dig kunskaper som du inte hade råd att vara utan.

Stort Tack! //Jan Öberg

BLI

SUPERBRA

PÅ

AKTIER!

Kan innehålla kunskaper som

du inte har råd att vara utan!

JAN ÖBERG

Andra upplagan

© 2024 Jan Öberg

Grafisk form av inlaga: Jan Öberg
Grafisk form av omslag: Jan Öberg
Förlag: BoD · Books on Demand, Stockholm, Sverige
Tryck: Libri Plureos GmbH, Hamburg, Tyskland

ISBN: 978-91-8057-840-0

Innehållsförteckning

1 Hemligheterna som gör dig rik på aktier 9

2 Det här är investering i aktier 15

3 Marknaden är en djungel 23

4 Det här är värde 39

5 Det här är risk 53

6 En fungerande strategi 63

7 Det här är metod för investering 75

8 Olika metoder att analysera 79

9 En fungerande metod 97

10 Att analysera ädelmetallgruvor 109

11 Analys med Super-REA metoden 123

12 En superbra investerare 133

I

Bli Superbra På Aktier!
Kan innehålla kunskaper som du inte har råd att vara utan!

1 Hemligheterna som gör dig rik på aktier

Hej, kul att du hittat den här boken och jag vill välkomna dig till det första kapitlet i **Bli Superbra På Aktier** som lär dig hemligheterna vilka kan göra dig rik på aktier.

Jag som har skrivit den här boken heter Jan Öberg och har varit verksam som investerare i ungefär 45 år men trots att det rör sig om en lång tid betraktar jag mig fortfarande som en amatör, men jag har lärt mig en del under tiden och nu kan jag slå börsproffsen och det är det jag vill att du också ska kunna göra.

Jag har hållit kurser och föredrag, lanserat digitala kurser som "Börsens Hemligheter" och "Aktieinvesteringens Grunder" och skrivit Boken "Slå Börsproffsen" som finns som både tryckt bok och ljudbok. "Slå Börsproffsen" är jag väldigt stolt över och fortfarande anser att det är en mycket bra bok för både den mer erfarne investeraren och för nybörjaren på investeringens vindlande vägar.
Ja, jag erkänner att jag är jävig när det gäller det omdömet, men den fina respons jag fått av läsare över hela landet och i olika åldrar gör att jag med gott samvete rekommendera dig att läsa den boken också om du inte redan har gjort det.

Du kanske redan har hållit på med investeringar och tycker det är kul att läsa böcker om aktieinvestering. Eller du kanske inte tycker att du tidigare lyckats så bra med dina investeringar och därför vill lära dig mer. Alternativt tillhör du en av alla de personerna som vill ta hand om sin ekonomi och investera, men inte riktigt vet hur du ska börja och känner att du har för lite kunskap om ekonomi och att du inte känner dig bevandrad i ekonomernas fikonspråk och börsproffsens termer.

Oavsett hur situationen är för dig är jag övertygad om att du kan lära dig nya saker eller få tidigare kunskaper repeterade så att du kan känna dig mogen att få bra avkastning på dina kommande investeringar.

Börsproffsens och finansexperternas skenbara expertkunskaper är inget att ta efter eller lära sig av då de oftast fördärvar mer än de tillför för dig som investerare.

Det kan i stället skapa mer rädsla och osäkerhet då du egentligen inte behöver vara utbildad ekonom. Du kommer mycket långt med lite baskunskaper om hur aktiemarknaden fungerar och sunt förnuft. En del av det har du möjlighet att lära dig i den här boken.

Reklam och annan information från banker och finansinstitut som med mer eller mindre fula knep försöker få dig att agera som de vill och att du ska köpa deras så kallade produkter, det gynnar inte din ekonomi. Du gör dig själv en stor tjänst om du kan stänga av det stora bruset av överflödig, värdelös information, som florerar och distraherar dig från att se och förstå den information som verkligen är betydelsefull för dina investeringar.

På aktiemarknaden och på börsen som man ofta uttrycker det när man menar den marknad där man köper och säljer aktier, fonder och en del andra så kallade finansiella instrument. Där finns det inte några riktiga hemligheter men det finns så mycket information som sprids och många som sprider information och det florerar många så kallade "sanningar" som inte är sanningar vilka gör att det som är både sant och viktigt hamnar i skymundan och drunknar i det rikliga flödet av oviktiga nyheter och värdelösa analyser, därmed blir det svårt för dig att hitta det viktiga kunskaperna i floden av information.

Det är därför jag har skrivit den här boken till dig för att du ska ha en möjlighet att bli en riktig investerare. Men jag vill därför att du nu nollställer dig i förhållande till eventuella saker du tidigare lärt dig som kan vara fel eller som inte är viktigt att hålla koll på. Det är för att du ska ha möjlighet att ta till dig den kunskap som jag vill ge dig utan störande feltänk.

Jag hoppas du ska finna det du verkligen kan behöva i boken och om det finns saker du redan känner till så är det bra att få lite repetition så att kunskaperna befästs så att det blir naturligt för dig att agera som en riktig investerare.

Det här vill jag lära dig

Många tror att artificiell intelligens som kallas AI ska kunna ge bra avkastning eller att en enkel formel ska lösa alla problem och göra investeraren omåttligt rik. Sådana lösningar och magiska formler presenteras ibland av de som vill lura av dig dina pengar. Du bör alltså förstå att det inte finns någon magisk formel vilken löser allt som en trolleriformel för dig.

Om något dessutom verkar vara för bra för att vara sant så är det normalt också det. Men det är viktigt att inte krångla till det utan göra investering på ett enkelt sätt.

Albert Einstein sa så här om enkelhet:
"Allting ska göras så enkelt som möjligt – men inte enklare."

Det finns några sätt att investera på som är så "enkla som möjligt", som Einstein uttryckte det – men det är förklarligt nog inte enklare än så. Jag vill ge dig grundläggande kunskaper om hemligheterna bakom att lyckas med sina investeringar och i den här boken får du lära dig ett sätt att tänka som är logiskt och fungerar.

När jag växte upp trodde jag aldrig att jag skulle bli så intresserad av aktieinvesteringar, då det inte funnits någon tradition av att investera i mitt hem under min uppväxt. Men jag lärde mig tidigt att sätta in pengar på min bankbok och förstod vagt att ränta som jag kunde få på tidigare utdelad ränta hade en positiv effekt på siffrorna i kontoutdraget från banken.

Många säger att du inte kan bli en bra investerare om du inte har gjort några dåliga affärer och varit med om minst en börskrasch. Det är klart att du kan lära dig mycket på att göra några fel och du kan också lära dig mycket om det egna psyket när börsen går ner och du känner paniken komma smygande.

Det finns även de som fått en uppfattning och kanske även erfarenheten från aktiemarknaden att det gäller att ha tur som investerare.

Det stämmer bara till viss del, men det är som utförsåkningslegenden, Ingemar Stenmark svarade på en reporters fråga, när han hade vunnit en tävling.

–**"Nu hade du väl tur Ingemar?"** frågar reporter.

–**"Jag vet ingenting om tur"**, svarar Ingemar och fortsätter,

"bara att ju mer jag tränar desto mer tur har jag."

Så är det också på börsen, ju mer erfarenhet du får och ju mer du lär dig av bra kunskaper desto säkrare blir du i dina investeringar, då också mindre och mindre beroende blir du av tur för att lyckas på aktiemarknaden men med rätt kunskaper och en bra strategi kommer du bli säkrare.

Med en logisk metod för att göra analyser som stöder din strategi blir du en ännu bättre investerare och riskerna blir lägre.

Det finns flera bra böcker för nybörjare som beskriver hur du köper och säljer aktier. Jag vet också att det finns enormt många som är för krångliga för dig som är ny på aktiemarknaden och även för dig som hållit på ett tag.

Det är flera som använder svåra ord och begrepp som gör att du känner dig vilsen och vet inte hur du ska börja. Det finns även de som skriver om olika sätt att investera som du kan välja mellan. De säger att du måste välja ett sätt som passar dig personligen och att det kan behöva justeras för att passa just dig.

Men hur ska du kunna välja rätt strategi och rätt metod när du har så många att välja mellan? Hur ska du som är en nybakad investerare kunna justera metoden så att den passar just dig?

Det finns många som beskriver sätt att investera på som är utformade så att du vet vad du ska köpa och kanske när du ska köpa men det viktigaste är att veta vilket som är ett bra avslut på en affär. Att veta när du ska sälja och vad du ska sälja beskrivs sällan.

Men som du säkert redan vet så är all handel med värdepapper förknippat med risker. Den här boken är endast ett sätt för mig som författare att uttrycka mina åsikter om investering. Alla dina egna investeringsbeslut ska göras med utgångspunkt från dina egna analyser.

Den här boken ska inte betraktas som ekonomisk rådgivning.

Jag vill att du som nu tagit steget att läsa den här boken känner att jag har delat med mig av något viktigt och att du förstår hur du ska tänka för att lyckas med dina investeringar och att du även känner trygghet i hur du sedan ska fortsätta för att utvecklas till en riktig investerare. Jag hoppas kunna förmedlat så mycket av det som jag lärt mig under många år av både uppgångar och nedgångar på aktiemarknaden. Men först behöver du mer grundläggande kunskaper och jag kommer fokusera på de saker som jag tycker är det viktigaste för att du ska bli en bra investerare. Jag ska mata din hjärna med bra kunskaper och försöka tvätta bord det som eventuellt är dåliga saker. Det betyder att du ska lära dig tänka som en riktig investerare.

Hur du öppnar, och handlar aktier via ett Investeringssparkonto, (ISK), hittar du gratis på många ställen på nätet, så det hoppar jag över i den här boken.

Jag nämner ofta i boken det med "Riktig Investerare" och det gör jag för att förstärka att det är både bra och viktiga saker du lär dig och det är kunskaper som du har glädje av resten av ditt liv som investerare. Helt klart så är det kunskaper som du inte har råd att vara utan då de kan betyda stor skillnad på det resultat som du får när du investerar. Du får här lära dig ett sätt att tänka som är logiskt och fungerar.

Det första vi ska börja reda ut är hur du vet vad du har för avkastning på dina investeringar.

Tänk på att den avkastning du får av dina investeringar är summan av vinst och förlust vid försäljning av aktierna plus eventuellt erhållna aktieutdelningar, sedan drar du bort de avgifter du har betalat, skatt du eventuellt ska betala. Ibland kan det vara en schablonskatt som dras när du har ett investeringssparkonto, ISK.

Då kan du nu se den verkliga vinsten du har fått av den investeringen men det är inte hela sanningen då de flesta glömmer bort att tänka på det som vi i dagligt tal kallar inflationen. Det som egentligen är ett resultat av inflation av valutan heter konsumentprisökningar men det är där vi mäter vad valutans köpkraft har minskat med under tiden du har haft din valuta låst i dina investeringar på börsen.

Har du då gjort en vinst i procent av investeringen så drar du sedan bort den förändring som KPI har haft under året eller de åren du har haft dina aktier. Det som då blir kvar är den verkliga vinst du har gjort på dina investeringar.

Kort kan vi säga vinsten på aktierna minus alla avgifter och skatt sedan drar vi bort **konsumentprisindexet, KPI**.

Riktig vinst = (vinster – avgifter) – KPI

De flesta som förstår sig på det här med inflationsjusterad vinst bryr sig inte så mycket om det men det är bra att känna till att det viktigaste är ju att du gör bra investeringar som ger dig ett ökat välstånd och inte tvärt om.

Mitt mål är att du ska lära dig investera så att riktig vinst kan blir stor men det hänger mycket på hur du tar till dig det jag vill lära dig och hur du sedan använder det i verkliga livet.

Jag hoppas att jag har lockat dig att fortsätta med läsandet och vill önska dig lycka till!

2 Det här är investering i aktier

Om vi köper aktier i några bolag får du en samling av aktier.
Den samlingen av aktier brukar vi kalla en aktieportfölj som du för
tillfället är ägare till.
Din aktieportfölj kan variera i storlek och värde över tiden.
Variationerna kan bero på många faktorer men du bör ha kontroll över
vilka aktier du för tillfället äger och varför du köpte dessa bolag.
Det arbete du gör och på det sätt du agerar påverkar om det är
investering du håller på med eller om det är någon form av
chansningar, så kallat gambling.

Att investera innebär att du fattar så kloka beslut du kan utifrån en
noga genomförd analys där beslutet att köpa baseras på en stark
övertygelse om att du kommer tjäna på investeringen.
Om köpet bestäms utifrån en förhoppning att du ska tjäna pengar på
köpet av aktier, då är det inte en investering utan då är det en form av
spel.

Att spela med pengar är alltså inte någon investering.

Din aktieportfölj bör innehålla en lagom blandning av aktiebolag.
Det vi kallar differentiering innebär att du väljer ett rimligt antal bolag
baserat på hur mycket pengar du är beredd att investera i aktier.
Bolagen bör vara bra bolag, från lite olika branscher, för att skydda dig
mot stora förluster om något bolag eller en bransch får problem.

Din portfölj bör inte innehålla för många bolag samtidigt för det
minskar din kontroll över de bolag du äger aktier i och dessutom vill
du inte hamna i en situation som gör att din portföljs vinst riskerar blir
mindre på grund av att innehållet av några mindre bra bolag riskerar
öka med antalet bolag i din aktieportfölj.

Att ha kontroll på bolagens aktiviteter, vinster och aktiens utveckling
är ganska lätt om du gör dina aktieaffärer via nätet – antingen hos en
nätmäklare eller din bank. Men vad som händer med bolaget

därutöver och den information du bör hålla koll på kan du enklast få grepp om via någon bra aktiesida på nätet.

Det kan också komma tillfällen då det är svårt att hitta bolag som är köpvärda.

Om priset är för högt på hela marknaden, eller att det finns en befogad oro på marknaden eller om politiska beslut kan påverka utvecklingen, då kan det vara bra att inte äga aktier. Se i stället till att vara likvid för att ha pengar redo vid nästa bra läge för att investera igen. Om detta är det många som uttrycker sig på ett felaktigt sätt. De säger att man vinner i längden på att alltid köpa och att inte "tima" marknaden. Det är riktigt att det är svårt att "tima" marknaden det är riktigt men att köpa när aktier är dyra är inte så klokt. Det kan vara bättre att vänta till när aktierna inte är dyra längre.

Att alltid ha lite likvida medel är bra eftersom köplägen kan dyka upp när du minst anar det. Spara därför regelbundet varje månad på din depå eller på ett separat konto, som du lätt kan flytta valutan från till din aktiedepå eller ISK. Däremot behöver du inte investera lika regelbundet i aktier eftersom avgifterna som kallas courtageavgifter och eventuell schablonskatt då kommer att belasta din framtida vinst om du köper och säljer ofta. Courtage betalas både vid köp och vid sälj tillfällena.

Det ges ofta råd att sprida ut sina köptillfällen för att gardera sig mot att köpa när aktien ligger i för högt prisläge. Men genom att göra så, visar du bara att du inte vet vad du håller på med.

Du ska givetvis köpa när du gjort en analys och är säker på att priset ligger på en bra nivå. Om du väntar kan ju priset bli högre och vinsten blir därmed lägre. Men om priset är för högt men det är ett bra bolag i övrigt som du vill äga kan det löna sig att bevaka bolagets utveckling och när det händer att priset på aktien går ned så kan det vara ett bättre läge att köpa just det bolagets aktier.

Var aldrig orolig för att du missar ett bra investeringstillfälle. Det kommer hela tiden att dyka upp nya investeringsobjekt.

En legendarisk amerikansk aktieinvesterare som hette Philip Arthur Fisher uttryckte en intressant tanke om hans egen aktieportfölj:

"Jag vill inte ha en massa bra investeringar. Jag vill bara ha några få som är excellenta."

Aktier kan fördubblas i pris eller mer, men de kan också falla kraftigt och förorsaka allvarlig skada på din ekonomi. Men du får här lära dig att det på lång sikt oftast blir bra, trots tillfälliga bakslag på aktiemarknaden. Det hindrar inte att du måste se till att dina förluster blir så små som möjligt.

Ett av de viktigaste du behöver veta och ta till dig är att du inte ska ta för stora risker och du ska hålla dina förluster så små som möjligt.

Ett logiskt sätt att förebygga förluster är att bygga dina investeringar på så stor säkerhetsmarginal som möjligt. Det berättar jag mer om senare.

Därför är investering i aktier bra

För att bygga upp ett sparande som ger dig en långsiktig vinst behöver du inte vara utbildad ekonom, vinna på lotteri eller begå brott.

Du behöver investera klokt i bra aktiebolag.

Det bygger helt enkelt på sunt förnuft i kombination med bra kunskaper som inte är svåra att förstå, men som kan vara svåra att hitta i den stora mängden av information och böcker som finns om investeringar och investeringssätt. Många människor investerar på de finansiella marknaderna genom aktiefondsandelar, obligationer, aktier eller pensionssparande genom Premie Pensions Myndighetens PPM system eller annat privat sparande för att kunna leva bättre som pensionär, eller för att få en bra ekonomi i framtiden.

17

Investera är uttrycket för att beskriva att du använder ett, mer eller mindre, intelligent system för att utvärdera vilken aktie du ska köpa eller sälja. Om man däremot försöker förutse framtiden, vilket många aktörer på marknaden försöker göra, så handlar det om att spekulera – alltså en form av spel, vilket innehåller en alltför stor osäkerhetsfaktor för dig med högre risker som följd.

Jag har inget emot spekulationer eller de som använder det sättet att välja aktier att köpa men för dig som vill lära sig att verkligen tjäna pengar på börsen finns det ett bättre och säkrare sätt som många rika personer använder sig av på grund av att det är inget lotteri utan just investeringar.

Mina första köp av aktier var baserades på indikationer jag fick av att studera hur andra betedde sig på aktiemarknaden, men också på vad som skrevs i tidningarna, både affärspress och dagstidningar. Jag har också följt råd från andra aktieintresserade eftersom jag trodde att de var kunniga investerare men jag lärde mig till sist att du måste göra dina egna analyser och för att kunna göra det behöver du några bra råd på vägen som ger dig tillräckligt med kunskaper för att klara det.

För en nybörjare på börsen framstår gärna den självsäkre rådgivaren som ett proffs med förmågan att se in i framtiden. För nybörjaren är det därför lätt att duperas av alla fackuttryck som ger intrycket av att rådgivaren är en expert på ämnet.
Du bör lära dig att de indikationer du får genom dessa kanaler ofta är felaktiga ur ett investerarperspektiv. När någon berättar att en aktie är köpvärd baseras det ofta på att den har gått upp ganska mycket senaste tiden. Då kan det redan vara för sent att gå in i investeringen, som vid det laget ofta riskerar att bli en förlustaffär. Den rätta tidpunkten för investeringen har passerats och tåget har gått för den här gången. Den som ger rådet beskriver oftast det som redan har hänt.

Utger sig rådgivaren för att veta vad som kommer hända, är det en spekulation om framtiden som är omöjlig att göra med någon större säkerhet. Spådomar är inte det du behöver för att kunna bli en bra investerare. De flesta som blivit rika på aktier upplever inte en ökad köpkraft som det mest tillfredsställande utan de brukar framhålla den ökade friheten med att kunna göra det man vill utan att behöva oroa sig för egna ekonomin.

Vissa fåtal personer har kunnat sluta jobba för att arbeta med sina investeringar på heltid och vara sina egna chefer. Medan andra har kunnat trappa ner sitt yrkesliv lite tidigare, när den ekonomiska pressen har minskat i takt med att investeringarna gått bra. En annan drivkraft kan vara att bygga upp ett eget pensionskapital, som kan vara bättre än en pensionsförsäkring eller investeringar i fonder.

Många mindre investerare som inte vill investera själva, tar oftast hjälp av en professionell investerare och väljer då ofta fonder. Normalt väljer man då mellan aktivt förvaltade fonder eller passivt förvaltade. Aktivt förvaltade fonder försöker slå index, eller har åtminstone det som mål. Passivt förvaltade fonder har samma mål, men till en lägre avgift och därmed med också en mindre arbetsinsats.

De stora fonderna är begränsade till att placera i de större bolagen. Men den viktigaste orsaken till att fonderna äger aktier i många bolag är att man vill sprida riskerna om något bolag går dåligt så blir påverkan på fonden inte så kännbar.

Men fonder med mycket pengar investerar även i bolag som inte är så bra för att de måste investera pengarna som de förvaltar. Det gör att fonder sällan slår index men hamnar ganska nära indexet som de jämförs med. De flesta fonder bedöms efter hur bra de slagit index på den marknad de agerar. Men eftersom de flesta stora fonder äger aktier i en stor mängd bolag blir det svårt för dem att slå index, eftersom fonden då får ett resultat som ser ut som det index den jämförs med. Därför är det bättre att du placerar dina pengar i aktier, under förutsättning att du först skaffar dig de kunskaper som kan ha stor betydelse för dina egna investeringar. Då kan du investera på ett sätt som gör att du faktiskt kan slå index men framför allt bygga upp ett eget kapital som du förvaltar själv och har full kontroll över vad som behöver göras och inte göras.

Den bästa kontrollen över dina placeringar får du genom att investera på ett sätt som gör att du själv förstår vad som händer och du behåller kontrollen så att du har möjlighet att rätta till eventuella fel innan de blir för stora och därmed svårare att reparera.

Aktiemarknaden ger dig den möjligheten, men det går inte utan kunskaper om hur aktiemarknaden fungerar, tillsammans med insikten om hur du själv fungerar som investerare.

Det här är viktigt att förstå

Jag berättade att många letar efter en enkel formel som löser alla problem men sådana enkla och magiska formler finns inte. Däremot är det viktigt att använda sig av metoder som är logiska och som du förstår hur det verkligen fungerar.

Om du inte förstår varför du ska göra vissa saker när du analyserar eller om allt inte verkar helt logiskt så är det troligt att det är en metod som inte fungerar så bra.

Det finns många viktiga saker att lära och du kommer i den här boken få lära dig de saker som jag tycker är viktiga. Du behöver ta till dig de sakerna så att du verkligen kommer ihåg dem senare när du själv ska fatta dina egna beslut om att köpa, sälja eller avvakta med att göra något.

För att du ska bli en vinnare på aktiemarknaden behöver du tänka på de här sakerna.

- **Du ska inte tänka att du köper en aktie som en produkt vilken som helst.**
- **Du ska tänka att du köper en del av ett företag som du kan tänka dig att äga länge.**
- **Därför ska du tänka långsiktigt, att köpa och sälja ofta är inte det som ger dig bästa resultatet.**

När du äger ett bolags aktie och bestämt dig för att sälja då ska du veta varför du säljer och den som köper aktien av dig är antingen en förlorare som inte förstår det du vet eller också så är det en person som vet mer än du och därmed kan det vara en blivande vinnare. Det kanske inte var det bästa beslutet att sälja just då. Därför är det viktigt att du är övertygad om att du gör rätt och sedan inte grubbla över att du kanske gjorde fel.

Att du gjorde det du gjorde på grund av ett klokt beslut utifrån en bra analys är det viktigaste.

Aktiemarknaden fungerar inte som en affär där du kan gå in och köpa eller sälja när du vill till det pris du vill ha. Aktiemarknaden fungerar mer som en auktion där du köper något om du bjuder ett pris på som motparten, säljaren, kan acceptera. Och på samma sätt när du säljer måste du komma överens om att priset du vill ha stämmer med det som någon annan är beredd att betala.

Om du tycker om ett bolag, deras produkter eller tycker om att äga ett bolag för att det har gett dig bra vinst tidigare ska du ändå inte tveka att sälja om din analys visar på att det är klokt att sälja nu.

Man brukar säga att du inte ska gifta dig med en aktie eller ett bolag men du kan vara en god vän, ni kan skiljas som vänner när tiden är mogen för det.

Det pris som du betalar för att köpa ett bolags aktie är bara ett pris på aktien.

Det här ska jag återkomma till senare men viktigt är att du tidigt börjar tänka på rätt sätt.

Aktien har ett pris men det är inte samma sak som ett värde. Aktien har inget värde utan det är den andelen i bolaget som har ett värde. Bolaget har ett värde men aktien har ett pris. Tänker du på det här sättet blir mycket annat på aktiemarknaden mycket tydligare och lättare att förstå.

Du kan inte göra några investeringar utan att ta lite risk men det är viktigt att göra saker som inte innehåller för stora risker.

Du ska alltid försöka att kalkylera med de risker som kan finnas och även vara beredd på att det även kan finnas risker som vi inte kan se i förväg. Därför är det viktigt att försöka göra saker med en viss säkerhetsmarginal vilket gör att om något oförutsett inträffar så blir skadan inte så stor för dig.

Vi återkommer till det här med risk lite senare.

När trenden i en akties prisförändring eller för hela marknaden är uppåtgående då känns det positivt, men när trenden är nedåtgående blir många missnöjda och börjar bli oroliga.

En riktig investerare vet att en trend håller bara på en tid sedan vänder det och trenden kan bli motsatt till hur den var innan. Därför vet en riktig investerare att när trenden är nedåtgående så öppnas möjligheterna att köpa aktier på REA.

När trenden är uppåtgående vet en riktig investerare att det kan vara ett bra läge att sälja innan trenden vänder neråt igen.

Nu vet du också det.

Det är många saker vi går igenom här som kan göra dig till en riktig investerare snart. Men kom ihåg att du ska tänka långsiktigt, små korta trender finns hela tiden och de är inte de trenderna som du ska bry dig om.

Nu ska jag avslöja den stora hemligheten bakom bra investeringar.

Det är att du ska lista ut vad ett bra bolags verkliga värde är och sedan betala mycket mindre för aktien än andelen i bolaget är värt. Du ska behålla investeringen till när priset har ökat till en nivå som är högre än bolaget är värt per aktie och därmed troligen mycket högre än det du betalade för aktien.

Det här är själva kärnan i att vara en riktig investerare.

3   Marknaden är en djungel

Vi ska nu se på några saker som många tycker och tror är sanningar men som inte är sanningar. Om du har läst eller hört några av de här som jag tar upp då vill jag att du försöker radera ut det som jag beskriver som fel eller missförstånd. Det är ett vanligt problem att det som man hör ofta fastnar i våra hjärnor och då är det extra svårt att rensa bort. Men jag lovar dig att om du vill bli en vinnande investerare, måste du lära dig vilka fallgropar som behöver fyllas med bättre material för att du inte ska trilla ner i dessa gropar. Det fyllnadsmaterialet du ska använda är kunskap.

Finansvärldens största bluff är förmodligen att påskina att tur har med begåvning att göra.

Många gånger ges stort utrymme i pressen för personer som till exempel köpte ett bolags aktier utan större kunskap bakom köpet och sedan blev riktigt rik när den personen senare sålde sina aktier. Då framställs personen som en framgångsrik investerare trots att han eller hon endast råkade ha tur att satsa på rätt bolag vid rätt tillfälle.

Du kan inte med säkerhet bedöma ett bra resultat som rätt beslut eller ett dåligt resultat som felaktigt beslut. Ett dåligt beslut kan "drabbas" av tur och även ett jättebra beslut kan även det "drabbas" av otur. Detta gör att en person som har haft framgång med investeringen i ett bolag, kanske egentligen fattade ett mycket dåligt och riskfyllt beslut men råkade ha stor tur.

Den andra stora bluffen som ofta framförs av de som inte riktigt förstår investeringens kärna är
"För att tjäna pengar på börsen måste man våga ta stora risker".

Båda dessa saker är helt fel och bör inte föras vidare som sanningar, de bör raderas ur minnet här och nu.

För att tjäna pengar måste man ta vissa risker men för att med större säkerhet tjäna på sina investeringar måste man också anstränga sig för att minska riskerna så mycket som möjligt genom att ha en så hög säkerhetsmarginal som möjligt som jag skrev om tidigare.

Till viss del behöver du tur för att dina investeringar ska bli bra investeringar när vi vet att aktiemarknaden är oförutsägbar i det kortare perspektivet. Bara genom stor säkerhetsmarginal kan du påverka det troliga slutresultatet på dina egna investeringar.

En annan bluff som ofta sprids är att du måste vara aktiv och kanske till och med bli en så kallad **"day-trader"** som köper och säljer flera gånger samma dag eller till och med ha ett datorprogram som så kallad robothandlare, högfrekvenshandlare använder med ännu tätare köp och sälj, för att tjäna pengar på börsen. Eller till och med använda Artificiell Intelligens, AI, som hjälp med investeringen.

Vi människor är alla olika i många olika avseenden. Det är väl tur för hur skulle det vara om vi vore lika i alla avseenden. En tänkvärd sanning, kanske?

På grund av att vi är olika och reagerar olika på saker och ting så reagerar vi olika på stress och nervositet. En del personer njuter av äventyr och spänning.
Vissa personer behöver spänningen på börsen och då ofta tar stor risk. Om du känner dig stressad av ett högt tempo i köp och sälj, om du mår dåligt när aktiekursen går ner, om du känner olustkänslor av att du inte äger en aktie som går upp, då kan det vara så att du valt fel strategi för dina investeringar.

För den riktige investeraren behövs sällan snabba beslut. Du hinner göra dina analyser noga och du har tid på dig att göra dina val och köpa eller sälja utan att stressa.

För en riktig investerares är det viktigt att en analys inte innehåller några prognoser eller förutsägelser om utveckling eller målkurser då den riktige investeraren vet att det inte går att ställa prognoser på en marknad som är oförutsägbar i det kortare perspektivet.

"De som vet gör inga förutsägelser. De som förutsäger vet inget"

Av den kinesiske poeten Lao Zi, betraktas som taoismens grundare, han levde någon gång vid 500-talet före Kristus.

Det krävs mod av dig för att stå emot de förföriska reportagen om de aktiva spekulanterna som lyckas. Fakta är att de som verkligen lyckas över en längre tid är de som har en långsiktig strategi med en så kallad passiv förvaltning.

Du kan med stor behållning läsa det som så kallade aktieexperter skriver trots att de inte har en aning om vad som händer och vad som kommer ske. De försöker verka analytiska och intelligenta i sina uttalanden och i det de skriver.

När du har förstått detta med värdeinvestering och passivförvaltning kommer du säkert le lite extra över det du läser. Vi kommer gå in på det mer lite senare i boken.

Det finns en teori som kallas EMT, Den Effektiva Marknads Teorin. Ibland kallas den EMH som då är samma sak men i stället för Teorin kallar man det, Hypotesen.

Den säger att det inte går att slå index, utan att ha tur.

De som tror på EMT anser att alla vet så mycket om bolagen och vår omvärld att ett pris på aktien alltid är nära värdet på bolaget. Det är det som man menar när man säger att marknaden är effektiv.

Det är av stor vikt att du glömmer den helt och hållet men vet vad som kan pratas om där ute bland ekonomer med utbildning.

EMT är en stor bluff!

Det sägs ibland att små bolag som kostar lite att köpa aktier i ger större vinster det kan ibland vara så men ofta är det förknippat med en större risk att förlora valuta.

Du kan köpa fler aktier när de kostar mindre per aktie men det ger inte större vinst då det är procenten du ska se på i förhållande till summan pengar som du investerar.

Ett bolags aktie som kostar 200 kr kan vara billigare att köpa än ett bolag som kostar 2 kr. Kom ihåg att det är värdet du får som bestämmer om priset är billigt.

Jag ska beskriva det med lite andra ord.

När du köper ett aktiebolag så betalar du ett pris per aktie.

Bolaget du köper har ett värde på marknaden baserat på tillgångar och det som bolaget säljer har en marknad som kan bedömas någorlunda för framtiden och de vinster affärerna genererar samt en möjlig tillväxt och några till faktorer ger ett ungefärligt värde på bolaget.

Om du delar upp det värdet med antalet aktier som finns kan du få fram ett ungefärligt värde per aktie för bolaget.

Om priset per aktie är högre än bolagets värde per aktie är bolaget lite för dyrt i förhållande till värdet på bolaget.

Men om priset per aktie är lägre än värdet per aktie kan man anta att aktien är billig i förhållande till värdet på bolaget.

En aktie som kostar 2 kr att köpa i ett bolag som har ett värde på 1 kr per aktie är väldigt mycket dyrare än den aktie du kan köpa för 200 kr per aktie i ett bolag som har ett värde på 280 kr per aktie.

Det här är inte hela sanningen men vi ska fördjupa oss i det lite mer senare.

Den tid som du är investerad på marknaden framhålls ofta om att de är bättre att ha lång tid på marknaden än att försöka "tima" marknaden. Alltså att vara långsiktigt investerad är bättre än att försöka köpa i bottnar och försöka sälja på toppar.

Det stämmer bra då det är svårt att "tima" marknaden men detta framhålls ofta som försvar för varför man inte ska förbereda sig på att börsen kan gå ner när den har gått upp mycket under en längre tid.

Det är ett klassiskt fel som låser in dig i tankar som gör att du inte tänker själv. Ibland är det bättre att sälja och ta hem en vinst som man investerar i något annat som är bättre just nu än att hålla fast vid en investering som har varit bra men som nu har gjort sitt jobb.

För att du ska kunna ha så små förluster som möjligt måste du också vara förberedd på att vissa saker som man ser ska komma faktiskt kan komma och om du inte är förberedd då kan det gå riktigt illa för dig.

Snabbt och långsamt tänkande

I det här avsnittet kommer du lära dig lite om din hjärna och saker som den kan hitta på och om den trygghet som vi människor känner när vi gör saker tillsammans med andra.
Fast ibland blir det så att när nästan alla gör på samma sätt så slutar vi nästan att tänka, utan vi föl er bara med de andra.
Men först ska vi göra ett studiebesök i hjärnkontoret.

I din hjärna finns det många rum och avdelningar.

Men maskineriet har studerats av Daniel Kahneman.
Vinnaren av Sveriges Riksbanks pris i ekonomi till Alfred Nobels minne, 2002, har i boken "Tänka, snabbt och långsamt" beskriver hur vår hjärna fungerar ungefär som om det fanns två system. Dessa system fungerar olika beroende på vilka problem vi ställs inför.

System 1 beskriver han som ett system där vi tar snabba beslut utan att tveka. Om någon ropar att elden är lös så löser vi oftast situationen mycket snabbt. Du tar dig snabbt i säkerhet, utan att fundera på om elden hotar dig eller inte.

System 2 är ett mycket långsammare sätt att lösa problem på. Hjärnan kopplar in system 2, så länge situationen inte är livshotande eller inte kräver snabba beslut.
Arbetsprocessen i system 1 belastas av olika psykologiska återkommande tankefel som kallas BIAS. Logik och statistik används inte av system 1, vilket öppnar för feltolkningar.
Med hjälp av koncentration och viljestyrka kan man påverka processen i systemet, typ 1, eller få processen att söka efter information och bortse från störande information. Det är inte lätt, men det går om du vill och är medveten om vilka felaktigheter som inte får styra dina beslut.

Kognitiva illusioner – synvillor för tankar, eller tankevillor – uppstår lätt på grund av systemet typ 1. Det kan förhindras genom att du inte agerar på signalerna du får, utan kopplar in processen i typ 2 för en djupare analys.

Systemet för typ 2 kräver att du tänker på vad du sett, men du kan fortfarande komma fram till att det är farligt för dig. På aktiemarknaden finns mängder av information som i vissa fall kan riskera din aktieportföljs värde.

När det sker kopplas ofta systemet för typ 1 in och du försöker överleva genom att springa ifrån faran, fast i det här fallet flyr du från aktiemarknaden. Att köpa när priset är högt eftersom alla andra också köper känns naturligt, då någon i gruppen verkar ha förstått att kursen kommer stiga ännu mer.

Att sedan sälja när priset har sjunkit och de övriga säljer får oss också att må bra, för då ingår vi i en grupp som handlar på samma sätt. Vi har använt en av våra mest primitiva instinkter som ursprungligen kommit till för att skydda oss mot farliga djur eller andra fiender. Skillnaden är att på aktiemarknaden vinner du oftast mer på att inte göra som alla andra utan det lönare sig oftast att tänka själv. Dessutom kan agerande enligt typ 1 vara skadligt för dina investeringar. Eftertänksamhet som i typ 2, där besluten utgår från fakta, ger en bättre avkastning i längden.

Du behöver träna dig på att avvakta med beslut tills du har hunnit tänka igenom allt, även vid de tillfällen när du tror att du måste göra något mycket snabbt. Oftast behöver du inte agera så snabbt som du kanske tror i början. Därför är det bättre att tänka efter, i stället för att handla reflexmässigt. En viktig insikt som riktiga investerare har är att inse när det är typ 1 som vill att du ska reagera. Behärska dig och sakta ner farten och låt typ 2 ta över beslutsfattandet, då är det mycket större chans att du tar bra beslut rörande din ekonomi.

Nu ska jag avslöja tre andra stor hemligheter bakom bra investeringar:

- Du måste bestämma dig för att klara av det här med att tänka långsamt.
- Du måste vara stark för att klara av att stå emot all stor påverkan utifrån.
- Du måste också ha stort tålamod att vänta till det sker, som du väntar på.

Börspsykolog

Varför vill vi ofta göra det som alla andra gör?
Svaret finns inom oss själva.
Även om den stora massan på aktiemarknaden har fel, så följer man gärna den stora massan, vilket kallas för flockbeteende.

Rädslan för att förlora något är starkare än glädjen över en möjlig vinst. Vi får panik när våra investeringar ser ut att bli en förlust. Internet har underlättat för småsparare att investera i aktier, inte minst genom att kostnaderna för att köpa och sälja aktier har pressats ned kraftigt.

Minimicourtaget kan vara så lågt som noll kronor per affär.
Det gör att det är mycket lätt att följa flocken utan att fundera över om besluten är riktiga, och när majoriteten har anslutit sig till denna flock spelar det liten roll om den handlar rätt eller fel.

Spekulationsbubblor är kända, återkommande företeelser genom historien. Därför är det viktigt att förstå vilka psykologiska mekanismer som får människor att göra som alla andra. Tyvärr tar traditionella teorier inom ekonomi sällan upp detta fenomen.
I äldre ekonomiska modeller från den akademiska världen betraktas människor ofta som rationella varelser, som tar logiska beslut.

Walter Lippmann, en av de mer kända och stora investerarna sa:

**"När alla tänker lika,
är det ingen som tänker särskilt mycket"**

Ett vanligt fel som investerare gör är att leta efter ett mönster som inte finns. Investerare letar allt för ofta efter ett mönster i det som händer på marknaden.

Det kan fungera på kort sikt men inte i det längre perspektivet.

Riktiga investerare vet att det är meningslöst att investera efter ett mönster för det är inte så marknaden fungerar.

En annan vanlig fälla är överdriven självsäkerhet.

Investerare har en tendens till att tro att de är smartare än alla de andra på aktiemarknaden. I tron att de säkert kan slå index tar de allt för stora risker och vill inte sälja investeringar som visar sig vara riktigt dåliga, då de inte kan inse att det är så. Stiger kurserna generellt sett mer än vad bolagens vinster motiverar, så kan det vara ett tecken på att en ny spekulationsbubbla har startat att växa.

Det är fortfarande lätt att följa flocken utan att fundera över om besluten är riktiga, och när majoriteten har anslutit sig till den här flocken spelar det liten roll om den handlar rätt eller fel.

Spekulationsbubblor är ett återkommande fenomen på börsen.

Redan strax efter första världskriget fanns tecken på att ekonomin levde på falska förhoppningar. Aktörerna på aktiemarknaden påverkades både av den egna psykologin och av marknadens kollektiva psykologiska gruppeffekter.

I slutet av 1960-talet fick den Effektiva Marknads Teorin (EMT) fäste hos många ekonomer. Men det fanns också investerare som visste att EMT inte stämde.

Och så småningom skedde en omvärdering av EMT.

Ett intresse för de psykologiska effekterna som florerar på aktiemarknaden började växa fram. Som tur är framhåller man inte EMT lika mycket längre.

De överreaktioner som vi ibland upplever på marknaden har mycket lite med bolagens rätta värde att göra. Felaktigheter i marknadens prissättning av aktier kan du utnyttja för du vet nu att det beror på aktörernas psykologi och att du kan utnyttja det för att ge dig bättre avkastning än marknaden som helhet.

Du kan slå index.

Men om man inte kan lita på marknaden, vad ska du då kunna lita på? Den säkraste källan är faktiskt du själv. Det är ingen annan än du själv som tar ansvar för dina investeringar. Du är alldeles ensam i dina beslut.

Inom psykologin och finansiell beteendevetenskap används termen **BIAS** för att beskriva defekter i vårt beteende. Vi ska nu se på några vanligt förekommande **BIAS** som du kan studera på egen hand vidare på nätet om du söker efter börspsykologi.
Många av dessa **BIAS** har getts namn som är på engelska. Do får här ett litet urval av alla de **BIAS** som påverkar dig som investerare.

Anchoring – En tendens att hålla fast vid ett beslut eller en åsikt utan att lyssna på det som motsäger en tidigare ståndpunkt.
Backfire effect – När man försöker motbevisa andra synpunkter genom att stärka sina egna ståndpunkter.
Bandwagon effect – en form av grupptänkande eller flockmentalitet so förstärks av att man är fler som håller fast vid en synpunkt.
Bias blind spot – När man inte förstår att man har egna BIAS.
Confirmation bias – En tendens att bara söka efter information som stöder sina egna åsikter eller ståndpunkter.
Gambler's fallacy – En tendens att tro att ett resultat kommer bli på ett sätt bara för ett tidigare resultat, som att satsa på rött för att det tidigare blivit rött på rouletten.
Hindsight bias – Att efter ett resultat säga "Jag visste det" trots att det inte kunde förutses.
Illusion of control – Man tror att man kan styra utvecklingen trots att det inte går.

Information bias – Att leta efter information som inte går att finna.

Loss aversion – En tendens att inte vilja ta en förlust.

Money illusion – Att fokusera på priset utan att se köpkraft eller värde.

Normalcy bias – Att inte reagera på en fara som är överhängande för att man tror att allt blir som det brukar vara.

Overconfidence effect – Att tro för mycket på sin egen förmåga.

Recency bias – Att titta för mycket på det som hänt nyligen i stället för att se på ett större perspektiv.

Status quo bias – Att vilja att saker inte förändras.

Dunning–Kruger effect - Att inkompetenta personer inte inser att de är inkompetenta.

Att göra annorlunda

När du är en riktig investerare har du stor nytta av att kunna studera effekterna av gruppsykologin utan att själv dras med.

Kan du lära dig att dra nytta av det du ser och observera vad flocken gör, så har du ett försprång gentemot marknaden.

I en bra liknelse jämförs aktiemarknaden med en bäck eller flod som man ska fiska i.

Man kan bara gå ut i samma flod eller bäck en gång.

Nästa gång är det en helt annan flod med annat vatten och andra mönster som bildats. Men står man kvar i vattnet lär man sig snart var fisken lurar och kan komma hem med en fin fångst. På samma sätt kan du, om du studerar hur aktiemarknadens aktörer agerar, förstå hur du själv ska bete dig för att dra upp en vinstgivande fångst ur aktiemarknadens strömmande flod.

En av börsens stora hemligheter är att den som kan behärska psykologin som investerare och harmöjlighet att tolka marknadens psykologi har större möjligheter att göra goda investeringar.

Gör inte misstaget att bli övermodig på grund av att det har gått bra för dig på aktiemarknaden. Förväxla heller inte materiella tillgångar med lycka. Eller girighet med sparsamhet.

Den amerikanske ekonomen och investeraren Benjamin Graham sa att investerarens största problem, och hans farligaste fiende, är han själv.

En av de vanligaste BIAS vi lätt drabbas av kallas **"Herd Mentality"** som är det vi på svenska kallar **"flockmentalitet"**. Att följa den stora massan, flocken, är en naturlig del i att vara människa och känna tryggheten i att vara en del av den stora flocken.

Man är inte ensam om att göra fel och det är säkert någon annan som vet vad som är bra så det är enklare att följa de andra.

Men när alla tänker lika, är det då någon som verkligen tänker?

Fundera på vad som händer om ingen tänker.

Det är därför som du behöver du lära dig att tänka annorlunda och tänka kritiskt. Det kallas att man är "contrarian", med <u>konträrt</u> tänkande.

Att tänka mot strömmen. Att tänka annorlunda än den stora massan.

Det här är lika svårt för en privatperson som för en professionell yrkesinvesterare att anamma ett konträrt tänkande.

Det är detta som gör att "contrarian" investeringsstrategier slår "index" och slår börsproffsen vilket gör att du kan bli en riktig vinnare på börsen.

Tycker du det låter konstigt? Men det är helt säkert att vi som är små investerare, kan slå indexen. Delvis för att vi är små investerare men också för att vi har de rätta kunskaperna.

Vad är kritiskt tänkande?

Kritiskt tänkande kan beskrivas som grunden till en befogad slutsats. För att tänka kritiskt behöver du ha fakta och titta på en investering ur olika perspektiv.

Du måste våga att ha en egen uppfattning.

Samtidigt måste du även våga lyssna på andra och deras åsikter. Du behöver kunna motivera varför du tänker på ett visst sätt, och även ha modet att tänka om.

Att vara "contrarian" som det kallas när du vill investera med konträrt tänkande i grunden är en mycket framgångsrik strategi.

På samma gång är tendenser att följa flocken och vara en del av den stora marknaden som går i varandras fotspår en riktigt dålig strategi som på sin höjd ger ungefär samma resultat som index.

Det är det som gör att riktiga investerare kan slå börsproffsen.

Att göra annorlunda är inget självändamål. Att göra annorlunda när risken är stor att många andra gör något som är mindre bra eller helt fel är vinstgivande.

Du kan utnyttjande att andra drabbas av psykologiska feltänk, BIAS, och att utnyttja vetskapen om vad vi människor normalt gör i vissa situationer.

Att välja ett annat sätt är inte bara att göra tvärt om.

Det gäller att göra annorlunda. Det är ett strategiskt planerat konträrt agerande på aktiemarknaden. Som vi kallar att vara **"contrarian"**.

För att vara **"contrarian"** krävs det att du både har denna kunskap och att du har så stark tro på den egna förmågan så att du vågar göra annorlunda än den stora massan. Att till exempel våga köpa när andra drabbas av panik och sälja när andra köper maniskt. Eller gå ur marknaden när andra har hög tro på att uppgångstrenden fortsätter.

Köpa gruvbolag när efterfrågan på ädelmetaller är lågt och priserna är låga.

En signal att det ett bolag har fler säljare än köpare är en signal att det kan vara dags att du köper. När många har stor frigjord valuta, är likvida, för framtida köp är det dags att köpa först.

Det här krävs av dig för att du ska kunna vara "contrarian" fullt ut:

- **Att förstå situationen.**
- **Att vara modig.**
- **Att ha tålamod för att invänta att marknaden ser det du sett.**

Det är principerna för att en "contrarian" investering kan appliceras på enskilda aktier, på en viss marknad eller på hela aktiemarknaden. Det är därför det är så viktigt att börja med en bra och beprövad strategi. Strategier tjänar inte på investeringar det är människor som gör det. Många har lärt sig samma strategi men uppnår olika resultat. Vad är det som gör att det blir så, vad är skillnaden? Det är personerna som gör skillnaden. Den enda saken som står i din makt är att påverka dig själv till att bli en riktig investerare.

Vad har vi nu gått igenom

Vi gör en liten tillbakablick för att summera det viktigaste vi har gått igenom fram till nu. Du kan behöva lite tur när du investerar på aktiemarknaden men med rätt kunskaper, en bra strategi och en logisk metod som stöder strategin förbättrar du oddsen markant till din fördel. Vill du verkligen tjäna pengar på dina investeringar ska du inte investera i fonder som tar betalt för sin förvaltning, utan att kunna slå index särskilt mycket. Investera i stället i något som du själv har kontroll över och som du kan hantera på ett sätt som ger så stor och säker avkastning som möjligt. Den möjligheten får du om du investerar i aktier, med rätt kunskaper kan du köpa aktierna när det är fördelaktigt och med större säkerhetsmarginal.

Med Ingemar Stenmarks kloka ord i minnet så kan du givetvis också träna upp dig så att du blir ännu bättre och även blir en vinnare som får stiga upp på börsens prispall.

Viktigt är nu att du funderar över det du har läst fram till nu, det du lär dig när du fortsätter läsa boken och försöker göra så att den informationen som du fått och den du kommer få, tränger bort felaktigheter och missförstånd som du eventuellt redan har i dina hjärnvindlingar. Det finns många saker som upprepas ofta av personer som tror de kan investering på börsen men mycket är missuppfattningar eller tankefel vilka har upprepats så ofta att de uppfattas som sanningar, trots att de inte är det.

Investering i aktier är något man gör efter att man har gjort en analys och ett avvägande som bygger på kunskap och fakta, det är det som långsiktigt ger bästa resultatet, även om du jämför andra typer av investeringar. Lägg märke till att det finns många missuppfattningar om det här. Om du jämför investeringar som är inflationsjusterade och dessutom inte jämför index för börsen då det jag vill lära dig är att slå index med god marginal. Då har du den bästa investeringen över tid.

Vi ska senare i boken gå igenom saker som är viktiga att ha med sig som investerare. Vi ska till exempel gå igenom vad som utmärker en billig aktie. Du ska också få inblick i hur du och din hjärna kan fungera när man är en del av börsens alla aktörer. Vi ska också gå igenom några olika synsätt när man investerar och vid vilka tillfällen man bör investera och när man bör sälja.

Nu när du har läst så här långt vill jag passa på att tacka dig för att du både köpt boken och orkat läsa ända hit.

Tycker du att det verkar vara en bok som du vill fortsätta att läsa blir jag mycket glad och jag vill be dig om en tjänst för att hjälpa mig att nå ut till så många investerare som möjligt.

Vill du skriva en kort men ärlig recension där du har köpt boken så bidrar du till att fler får chansen att läsa boken och vill du berätta för andra om att de också kan läsa boken så är jag väldigt tacksam för det. Du får även gärna skriva direkt till mig med synpunkter på boken och har du frågor ska jag svara dig så bra jag kan.

Nu vet du att det finns olika sätt att använda din hjärna på som kan liknas vid två lite olika system. En klok investerare försöker använda det långsammare systemet för att göra analytiska bedömningar utan att handla snabbt, utan att tanke på följderna.

Du har också lärt dig att om du blir känslomässigt engagerad kan du fatta beslut som senare visar sig vara mindre kloka.

När marknaden får panik är det bra att ha likvida medel för att kunna göra de riktigt bra investeringarna. Håll dina känslor utanför med hjälp av en bra och logisk strategi som stöd för dina köpa och när du ska sälja, då behärskar du de psykologiska faktorerna på ett bra sätt.

Du behöver också en logisk metod, ett system, som gör att du slipper inblandning av känslor styrda av din egen eller marknadens psykologi.

Metoden ska också hjälpa dig att hitta bra aktier för dina investeringar. Dessutom ska den hjälpa dig bestämma när du ska köpa och när du ska sälja dina aktier.

Lita på strategin, den metod du använder och följ de signaler du får utan att blanda in dina egna känslor

Några regler att tänka på som en contrarian investerare:

- **När du läser om någon nyhet eller ser om det på TV, Internet eller ett diskussionsforum.**
  Då har förmodligen tåget redan gått.
- **Ställ dig frågan, hur många andra är det som vet detta?**
  Avstå om det är många som sett en nyhet eller något annat som triggar köp av aktier.
- **Du ska sträva efter att inte köpa när alla andra köper.**
- **Du ska passa på att sälja när alla andra vill köpa.**
- **De som är beroende av inkomster från marknaden ser oftast inte om en bubbla har börjat bildas förrän det är för sent, men du kan lära dig att se det.**
- **Köp inte utifrån tips eller råd utan att göra en egen noggrann analys.**
- **Ställ dig alltid frågan: Varför?**
- **Strunta i proffsens analyser, du gör egna som är bättre.**
- **Det som du tycker är uppenbart är kanske inte uppenbart för andra.**

Viktigt är nu att du noga funderar över att bli en som tänker som en **"contrarian"** investerare. Jag rekommenderar dig att du studerar själv mer om detta med börspsykologin.

Det finns några bra böcker som du hittar på min hemsida.
www.aktierea.se

4   Det här är värde

Nu ska vi gå vidare i din utveckling mot att bli en superbra investerare och vi börjar med att gå igenom vad som är ett värde och vad som har ett värde.

Om du har tagit till dig det som jag berättat om i de tidigare kapitlen, då har du nog börjat tänka lite som en riktig investerare och om du studerar hur aktiemarknadens aktörer agerar kan du förstå hur du själv ska bete dig för att skapa dig en vinstgivande hobby utan att göra som de andra.

Investering blir smartast när du ser det som att du driver ett företag och är systematisk i det du gör på börsen och när du gör analyser.
Det här låter väl klokt men när det kommer till investeringar så gör många helt tvärtom. Aktier betraktas som ett "folkligt" sparande där man köper regelbundet eller månadssparar.
Det blir lite som att köpa lösgodis där man blandar så mycket man kan i en påse utan att välja det som är godast och räcker längst. Fokus är ofta på hur börsen har utvecklats och hur enskilda aktier har utvecklats och många tror att det ska fortsätta som det har gått.
De glömmer gärna bort att det är värdet som man ska fokusera på i förhållande till det pris man betalar.

Många av börsens aktörer följer gärna nyheter och annat som oftast betyder väldigt lite för bolagets utveckling och de agerar utifrån dessa nyheter.
Först och främst behöver du frigöra dig från grupptänkandet och försöka se den stora bilden vid varje tillfälle för beslut. Kritiskt tänkande är bra när andra försöker påverka dina beslut och framför allt inte ryckas med när många säger samma sak. Det kan ju vara så att de andra har påverkats av ett grupptänkande.

Med värde menar vi principer och kriterier för hur vi människor uppfattar handlingar, idéer och föremål som betyder något för oss. Högt värde uppfattas som önskvärda och uppskattade av de flesta och lågt värde är motsatsen i allmänhetens gemensamma ståndpunkter.

Något kan ha ett högt värde för dig men inte för andra. Dock är det så att om något kan användas som ett betalningsmedel måste det betraktas som värdefullt för merparten i ett samhälle för att det ska fungera att betala med.

Om du utför ett arbete så är det värdefullt för någon och de är då beredda att betala dig för det arbete du utför. Du kan få betalt i någon form som du anser är värdefullt för dig. Tacksamhet kan vara värdefullt för dig som person men du kanske vill ha mer än tacksamhet och då kan du få betalt i någon sak som du finner värdefullt.

Det kan vara pengar eller en vara av något slag.

Riktiga pengar är något som har ett inneboende värde som till exempel guld eller silver.

Det finns olika värden som vi tillmäter olika saker men det vi här ska titta mer på är vad som inom ekonomin har ett värde.

Valutor som den svenska kronan, euron eller dollarn har inget eget värde då det inte har någon koppling till något med ett eget värde som till exempel guld.

Valutorna kallas därför "fiatvalutor" medan valutor som har uppbackning av till exempel guld eller silver kan kallas för valutor. Det som här har ett värde är metallerna guld och silver.

Uttrycket fiatvaluta kommer från latin och används i betydelsen att fiatvalutor är något som är tillverkat för att användas som ett skuldebrev som har ett värde för oss så länge vi tycker eller tror att det har ett värde. När tron minskar på att våra kronor har värde sker det som gör att köpkraften för kronan minskar. Det kan vi mäta i form av att priset på varor ökar. Det mäts och redovisas i konsumentprisindexet, KPI.

Men det som är inflation är när mängden valuta som finns i omlopp ökar. Trycks det mer kronor så inflateras kronan, köpkraften minskar när mängden valuta ökar och priserna på varor och tjänster ökar vilket gör att konsumentprisindexet, KPI, ökar. Det redovisas i procent och anges felaktigt som "inflation".

Kronan har alltså en köpkraft som påverkas av hur mycket valuta som finns i omlopp samt det som vi människor är beredda att betala för varor och tjänster. Köpkraften är inte ett värde utan bara det som vi tycker är rimligt att betala för något som har ett värde för oss. Om vi köper mat eller kläder så har de varorna ett värde för oss för att vi blir mätta när vi äter och vi håller oss varma eller blir vackra i våra kläder. Därför värdesätter vi det vi kan köpa för våra värdelösa valutor.

De du får när du köper har ett värde!

På aktiemarknaden betalar vi med våra valutor för aktier eller fonder. Men aktierna är bara ägarbevis och har inget värde. Aktierna har ett pris som vi kommer överers om när någon vill sälja sina aktier och när vi då är beredda att betala det priset blir det en aktieaffär. Du köper alltså värdelösa aktier, (ägarbeviset), med värdelösa valutor, (fiatvalutor). Det låter kanske konstigt men det är faktiskt så det är i verkligheten.

Många tror att valutorna som vi i dagligt tal kallar pengar har ett värde och att aktier har ett värde som motsvarar priset på aktien. Men det är precis som jag skriver här att aktierna har inget direkt eget värde.

Men när du köper aktier så köper du andelar av ett företag, ett aktiebolag. Aktiebolaget har ett värde som går att räkna ut men det är svårt att räkna exakt, så det värde som går att räkna ut är ett ungefärligt värde. Det du får när du köper aktier är ett ägande i ett bolag som har ett inneboende värde per aktie!

Det du får när du köper har ett värde!

Men hur vet vi vad ett aktiebolag är värt? Om vi vill göra en företagsvärdering behöver vi veta en del om bolagets tillgångar och möjligheter att sälja varor eller tjänster för att få betalt i framtiden.

Det finns tre typer av värden i ett bolag, tillgångsvärde, avkastningsvärde och tillväxtvärde. Värdet uttrycks i kronor för hela bolaget eller kronor per aktie och om bolaget sköts bra så går det troligen bra vilket också bör avspegla sig i ett ökande aktiepris.

Om vi säger att aktiens pris ökar med 8% under ett år och du säljer aktierna. Under samma år har prisökningarna mätt i KPI varit 3%. Då har du bara fått en riktig avkastning med 8 – 3 = 5. Din vinst från investeringen har under året endast blivit 5% i köpkraft räknat. Då har vi inte blandat in avgifter för handeln med aktierna och vi har inte heller räknat med skatt på vinsten eller schablonskatten som du betalar med ett ISK. För att investeringen ska vara vinstgivande behöver du få bättre avkastning än summan av skatt, avgifter och prisökningar. Men fundera på att om du inte gjort investeringen så hade din köpkraft minskat med 3%. Alltså en ren förlust på grund av att kronans köpkraft hade urholkats i det här exemplet. **Tänk på att allt har ett pris men det är få som förstår verkligt värde.**

Under de senaste åren har intresset för kryptovalutor ökat och de flesta känner till det som kallas Bitcoin. Bitcoin och andra kryptovalutor är också fiatvalutor som inte har något eget värde om det inte har någon koppling till något med verkligt värde.
Detta tycker inte de som har köpt idén om att kryptovalutor kommer bli det som tar över makten från de vanliga fiat valutorna och från centralbankerna.
Du måste förstå att du inte kan investera i kryptovalutor. Det som man kan göra är att spekulera i att kryptovalutorna ska stiga i förhållande till andra valutor.
Det gäller alla fiatvalutor, Det går bara att spekulera i valutor.

Det som skapar stabilitet och minskar risken för att något ofördelaktigt ska hända är att koppla valutan till något som har ett värde. Det som är både valuta och riktiga pengar är guld, silver och till viss del koppar. En valuta som har en koppling till guld eller silver kan inte inflateras på samma sätt som en fiatvaluta. Guld och silver har varit riktiga pengar i över fem tusen år och är det som vi människor flyr till vid oroliga tider.

Det finns inget som tyder på att det inte skulle vara så även i framtiden.

Vi har nu en situation sedan 1971 då alla länders vanliga valutor är fiatvalutor. Du ska inte investera i guld eller silver men du kan spekulera i att växelkursen mot andra valutor går upp.

Men guld och silver fungerar som en försäkring mot minskad köpkraft.

Vad är en billig aktie

Många tror som nybörjare att aktier som har ett lågt pris i kronor räknat är billiga aktier. Det kan i vissa undantag stämma men när vi säger att en aktie är billig menar vi att priset är lågt i förhållande till det underliggande värdet i bolaget.

Det är bättre att köpa ett väldigt bra bolag till ett pris som är ganska lågt, jämfört med att köpa ett bolag som är ganska bra till ett högt pris.

Ibland är priset högre än värdet och ibland är priset lägre än bolagets värde. Där emellan passerar då oftast priset bolagets värde per aktie. När priset är högre än värdet är aktien lite dyrare och när priset har blivit lägre än värdet har aktien blivit billig. Om priset gått upp mycket mer än värdet är det mycket dyrt och går det tvärt om så blir aktien mycket billig och det är då det är REA på aktien.

Du ska tänka att när du köper aktier, köper du en del av ett företag. Det är just precis vad det är, men många har svårt att se den kopplingen mellan sina investeringar och det verkliga bolaget och dess verksamhet. Därför bör du göra en grundlig analys av bolaget innan du investerar på samma sätt som om du köpte en andel i en verkstad eller en affär i närheten där du bor. Aktier i bra företag är ofta populära bland investerare och får därför ofta ett högt pris som då inte alltid stämmer med företagets inneboende värde.

Priset på aktier har en tendens att pendla upp och ned hela tiden vilket gör att riktigt bra företag ibland får ett oförskämt lågt pris på aktierna. Det händer ibland för att bolaget eller marknaden råkat ut för något och om det bara är tillfälligt så är det då du kan köpa bolaget på aktie REA, till och med kan det bli en Super-REA som gör att det kan ge dig investeringar som blir mycket vinstgivande. Några exempel på orsaker som kan ge bra möjligheter till fyndpriser är att bolaget har blivit lite bortglömt av marknaden och det har gjort att priset är extra lågt. Marknaden orkar inte hålla koll på alla bolag samtidigt. Bolaget kan ha råkat ut för ett problem av något slag som skrämt aktiemarknadens aktörer och priset har sjunkit. Om problemet är av övergående karaktär har du kanske ett fyndpris. Marknaden som bolaget verkar på kan ha råkat ut för ett problem av något slag som skrämt aktiemarknaden aktörer och priset har gått ner. Om problemet snart är ur värden kan du kanske få aktier till ett fyndpris.

Om vi råkar ut för en riktig börskrasch då är det fantastiskt bra att vara förberedd på vilka fina bolag du skulle vilja köpa men till ett REA-pris. Då öppnas möjligheter som kan vara mycket bra men då gäller det att ha pengar att investera med. Därför ska du vara förberedd på att en stor nedgång kan komma. För en riktig superinvesterare kommer de sällan som en överraskning då det finns många signaler att se om man vill se dem.

Som investerare använder vi ofta det som kallas nyckeltal för att utvärdera om bolag är köpvärda eller om de är dags att sälja aktierna i stället.

Det är vissa nyckeltal som är viktiga för dig att lära dig förstå så att du kan använda dem på rätt sätt.

P/E-talet är nog det mest använda nyckeltalet i aktiesammanhang.

Du kanske redan känner till det men för säkerhets skull ska jag kort beskriva detta nyckeltal. P/E-talet indikerar om bolaget är högt eller lågt prissatt i förhållande till den senaste redovisade årsvinsten för bolaget. På engelska är det **"Price"** delat med **"Earning"**, alltså **P** delat med **E**. Vi säger bara **"PE-tal"**.

På svenska blir det priset per aktie, (aktiekursen), delat med årsvinsten per aktie

P/E-talet visar hur många årsvinster bolaget har prissatts till just nu på aktiemarknaden av köpare och säljare. Ett P/E tal på 12 innebär till exempel att priset på aktien är 12 gånger högre än vinsten under det närmast föregående verksamhetsåret. Frågan är om det är bra eller dåligt. Om man ställer den siffran i relation till hur andra bolag i samma bransch för tillfället är prissatta kan du få en inblick i om bolaget är dyrare eller billigare än konkurrenterna.

Det kan ju vara så att bolaget är ett mycket bra bolag som gör bra med vinst varje år som dessutom ökar och därmed anser marknaden att bolaget förtjänar ett högre P/E-tal.

Vissa typer av bolag är till exempel extra svåra att bedöma mot andra typer av bolag med hjälp av P/E-talet. Det gäller fastighetsbolag, banker och investmentbolag.

Där tittar man mer på det som kallas substansvärdet.

Då jämför man till exempel fastighetsbolagens innehav av fastigheter och bedömda värdet på innehavet med aktiepriset.

Investmentbolagens innehav av bolags sammanlagda värde eller summan av priset på aktierna i bolagen med aktiepriset på investmentbolaget. Om priset på investmentbolagets aktie är lägre får man det som kallas substansrabatt om du köper och om priset är högre säger man att du får betala en substanspremie.

Vissa anser att det är bra att köpa aktier som har ett högt P/E-tal medan andra anser att det är bättre med lågt P/E-tal. Detta kan vara förvirrande, så jag ska försöka förklara vad jag anser är rätt.

Om ett bolags aktie har ett lågt P/E-tal:
Då har aktien lågt pris i förhållande till förra årets redovisade vinst. Det kan bero på att det är ett bra bolag, som då kan vara värt att investera i.

Men det låga priset kan också bero på att marknaden vet att det inte är ett så bra bolag och därmed är det inte ett bolag att investera i.

Om ett bolags aktie har ett högt P/E-tal:
Då är det ett bolag som har högt pris i förhållande till förra årets vinst. Det kan bero på att bolagets vinst gått ner, men marknaden har inte noterat detta så priset på aktien har blivit för högt för att det ska vara en bra investering. Det höga priset på aktien kan också bero på att

marknaden vet att det är ett bra bolag och anser därför att det är värt ett högre pris och kan då vara ett bra bolag att investera långsiktigt i. Därför går det inte att avgöra om ett bolag är värt att investera i enbart på grund av P/E-talet. Du behöver minst tre nyckeltal för att göra en bra analys.

När det gäller investmentbolag och fastighetsbolag är detta nyckeltal inte helt relevant att använda.

För investmentbolag är i stället substansvärdet i förhållande till priset mer användbart vid jämförelser som jag sa tidigare.

När det gäller fastighetsbolagen bör du också ta hänsyn till om fastighetspriserna ligger högt och hur många fastigheter bolaget äger i förhållande till reella intäkter av uthyrning och genomförda försäljningar, eftersom en ökning av värdet på fastighetsbeståndet bokförs som del i vinsten.

Ett annat nyckeltal som är både viktigt och ofta används vid analys är direktavkastning. Den får du fram genom att dividera utdelningen per aktie i kronor räknat med det aktuella priset per aktie.

Utdelningen delat med priset per aktie.

Utdelning per aktie / aktiekursen = Direktavkastningen

Multiplicerar du direktavkastningen med 100 får du även detta nyckeltal uttryckt i procent. Dessa nyckeltal kan du oftast hitta i affärstidningarna eller på nätsidor med börsnoteringar som också redovisar nyckeltal.

Ett bolag med många aktier och en spridd ägarstruktur har behov av större vinster för att ge aktieägarna en större summa pengar, men kan ändå dela ut en stor andel av vinsten. Som aktieägare önskar man ju så stor andel som möjligt men du bör tänka på att ett starkt bolag också behöver ett eget kapital för att kunna göra investeringar och dessutom kunna klara av perioder av nedgångar på marknaden eller tillfälliga krissituationer.

Om du inte hittar P/E-talet någonstans kan du själv räkna fram det så här: Ta det aktuella priset/aktie och dividera med den senaste bokförda vinsten/aktie.

Använd inte prognostiserad, framtida vinst eftersom det inte är baserat på fakta. Det är ett tal som vi inte vet om det infrias i den verkliga kommande vinsten vid årsbokslutet nästa år.

När jag började intressera mig för aktieinvesteringar gjorde jag som många andra i samma situation. Jag lockades av möjligheten att få mitt sparkapital att växa mer än det gjorde på bankkontot. Jag är så gammal att jag har upplevt att man kunde få ränta på sina pengar om man satte in dem på banken.

På grund av att jag saknade kunskaper i hur aktiemarknaden egentligen fungerade och för att det fanns så kallade börsproffs som uttalade sig i olika tidningar, på radio och TV så försökte jag göra investeringar utifrån den informationen de försåg mig och alla andra med.

Det gick bra ibland men allt för ofta gick det inte så bra som jag önskade.

Det jag saknade då var en strategi som man också skulle kunna kalla för en filosofi för mina investeringar. När jag till slut förstod att det var viktigt att ha en strategi, började jag prova många olika strategier och metoder men när jag slutligen hittade strategin värdeinvestering kändes det som att jag kommit hem.

En av börsens stora hemligheter är att de stora vinsterna inte kommer av att du köper och säljer. De stora vinsterna kommer när du inte gör något!

Nu blev du säkert lite förvånad men när du väntar på att köpa till rätt pris och sedan väntar på att priset stiger, då kommer de stora vinsterna.

Jag ska berätta mer om den här hemligheten lite senare.

Vad är det som kallas cykler

Det finns många cykler som vi känner till men inte alltid tänker på det men det som vi alla har en relation till är ju årets gång från nyåret med festligheter och sedan kommer våren och sommaren. Efter det kommer hösten och sedan vintern med ett nytt årsskifte och den cykeln är sluten. Det nya året börjar igen som tidigare men varje år har nya händelser och annat som skiljer tidigare år från det här men det stora är att varje år ser ut som tidigare med månaderna som kommer i samma ordning om och om igen.

Det finns också många traditioner och cykliska förlopp som det pratas om i aktiesammanhang. De kan användas som hjälp, men bör ofta tas med en nypa salt.

I dagens snabba informationsflöde kan en del av dessa synsätt till vissa delar ha spelat ut sin roll men kan vara bra att känna till vad vissa personer talar om eller skriver om.

1937 lanserade den brittiska tidningen Evening Standard begreppet investeringsklockan som en enkel men effektiv och överskådlig modell av det som kallas konjunkturcykeln. Ett helt varv runt urtavlan motsvarar en hel konjunkturcykel med varierande investeringsobjekt under en cykel som normalt varar mellan tre och åtta år. Många professionella aktörer har delvis basera sina beslut på denna klocka som kan fortfarande ha viss relevans.

Klockan ger en hjälp till investerare att välja hur kapitalet i stort kan fördelas mellan kontanter, obligationer, aktier, fastigheter eller råvaror vid olika perioder under konjunkturcykeln. Det du ska tänka på är att när konjunkturen är på väg från en fas in i nästa fas – då är det rätt tid att flytta dina investeringar till den kommande fasen för då är investeringsslagen i den kommande fasen oftast billigare än de blir senare.

När den nya fasen väl har trätt in, har priserna troligen redan börjat stiga och då är du lite för sent ute för att göra de bästa affärerna.

Vi vet att konjunkturen varierar ungefär efter samma mönster om och om igen. Den kan beskrivas som en sinuskurva med en jämviktsaxel i ett läge som motsvarar ett medelvärde i en grov förenkling, så kallad jämviktspendling. Jämviktspendling och olika cykler kan vara så korta och pendla flera gånger under en och samma dag och vissa bolag har en cykel som motsvarar ett år.

Vad är jämviktspendling

Jämviktspendling på aktiemarknaden sker för olika marknader och för enskilda bolag. Dessutom beter sig aktiekursen på ett sätt som kan liknas vid en jämviktspendling. Det som skiljer är att frekvensen och amplituden, alltså avståndet mellan kurvornas toppar och bottnar varierar, avståndet till jämviktsaxeln med runt vilken pendlingen sker och längden mellan varje kurvas toppar varierar också ständigt i längd under denna jämviktspendling.

Jämviktsaxeln lutar i olika vinklar beroende på om trenden är uppåtgående så lutar axeln uppåt men vid negativ trend då lutar axeln ner. Den tänkta jämviktsaxeln är där ett troligt ungefärligt värde för bolagets aktier. Ska man vara riktigt noga så är det inneboende värdet för bolaget i ett fält som är lite bredare på var sida om själva jämviktsaxeln. Det ser du illustrerat med det svagt blått färgade fältet på sidan om medelvärdets linje.

AKTIEPRISETS VARIATION

Kronor — Aktiekursen — Lågt pris — Bolagets värde — Säkerhetsmarginal — Högt pris — Tiden

Det är inget exakt värde, men eftersom aktiekursen pendlar kring denna axel kan man anta att när aktiekursen ligger över jämviktsaxeln är bolaget för högt prissatt och tvärtom när aktiekursen ligger under axeln. Det är vid dessa tillfällen som det är REA på en enskild aktie. och när det gäller det enskilda bolagets aktie betyder marknadens humör och psykologiska bias in för utvecklingen av priset i förhållande till bolagets inneboende värde.

Vilka bolags som för tillfället har ett högt pris eller ett lågt pris i förhållande till bolaget inneboende värde variera hela tiden. Vissa bolag är mindre analyserade och mindre populära vid olika tidpunkter, vilka de bolagen är varierar över tiden.
De bolag som är populära just nu, blir senare mindre populära och de som är bra men inte är populära just nu kommer på sikt att bli upptäckta och därmed ofta populärare om ett tag. Vilket gör att aktiekursen stiger.

Sedan finns det givetvis bolag som är i rampljuset nästan hela tiden, vilket gör att de ofta blir för dyra för att kvalificera sig som det jag kallar REA-aktier.

Hur kan cykler utnyttjas till din fördel

Bolag som är populära, bevakas ständigt och får därför ofta ett högt pris men de bolag som är lite bortglömda av marknaden får ofta ett pris som är lägre än bolagets inneboende värde.
När du känner till detta kan du utnyttja marknaden genom att välja att investera i bolag som är riktigt bra och som tjänar på sin verksamhet men av någon anledning har ett riktigt lågt pris.
Ibland kan det ta lite tid för ett bra bolag att få ett lågt pris men det händer. Det är då du bara ska vänta.
Det är det här som ofta blir fel i huvudet på marknadens aktörer som tror att man behöver vara mycket aktiv på marknaden för att tjäna på sina investeringar. Det är helt fel då den riktige investeraren vet att det är när man inte gör något som marknaden arbetar åt en och du då tjänar mycket på dina investeringar. Det är bra att tidigare ha gjort analyser så att du vet vilka bolags aktier du skulle vilja köpa till ett riktigt lågt pris. Sedan väntar du på rätt tillfälle att köpa.

När du har köpt aktierna kommer den tid då du väntar på att marknaden ska se det som du sett och då blir bolagets aktier intressanta och fler gör analyser och då börjar priset stiga och du gör en fin vinst när du säljer. Det finns givetvis bolag som är i rampljuset nästan hela tiden, vilket gör att de ofta blir dyra att investera i. Det är de lite bortglömda bolagen du bör intressera dig för, speciellt om de samtidigt är riktigt bra bolag som tjänar pengar på sin verksamhet.

Eftersom det varierar vilka bolag du ska investera i så varierar det också vilka aktier du bör sälja.

När jag skapade REA-metoden sammanställde jag statistik i ett diagram som jag kallar Börsåret som är en enkel variant av cykel som bara avser en period på ett år. Börsåret bygger på information om vad som normalt sker under ett år på den svenska aktiemarknaden. Det är alltså statistik och ska inte ses som en sanning.

Trots det kan du förmodligen öka din vinst genom att veta när den stora mängden aktörer gör vissa saker och då utnyttja den kunskapen till din fördel när du investerar.

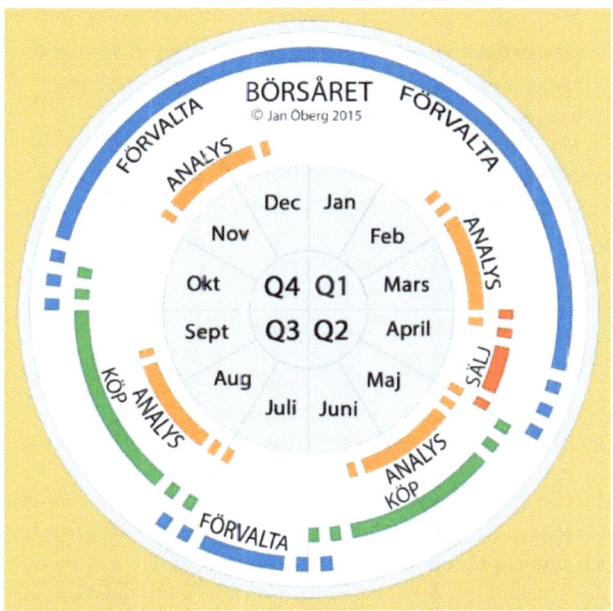

Under de fyra perioderna i diagrammet, se texten: **ANALYS,** är det bra tider för att göra just det, analysera för att vara beredd att agera.Det är i slutet av mars, i slutet av maj, i slutet av augusti och i slutet av november. Har du aktier som du vill sälja brukar perioden i mitten av april, statistiskt sett, vara en bra period för försäljning, se texten: **SÄLJ.** Slutet på maj och början på juni är ofta bra perioder för att investera, detsamma gäller efter sommaren i slutet på augusti och hela september, se texten: **KÖP.**

Perioden från mitten av oktober till början av april är bra tid för förvaltning. Detsamma gäller för nästan hela juli månad.

Under dessa förvaltningsperioder behöver du normalt inte agera, förutsatt att inte något oväntat inträffar för bolaget, på marknaden eller i världsekonomin som gör att du vill säkra din investering, se texten: **FÖRVALTA.**

Vi har nu gått igenom vad cykler är och att det sker en jämviktspendling och att det kan vara aktie-REA under hela året men att det är vilka aktier som det är rea på som varierar. Det finns även bolag som är cykliska vilket innebär att de har en produkt eller tjänst som efterfrågas mer under en tid av året och det återkommer varje år vid ungefär samma tid.

Du har också kontroll på att konjunkturen varierar men också att det varierar vid vilka tider på året som är bästa tid att köpa och sälja. Du vet nu också hur statistiken ser ut för när börsen statistiskt brukar gå upp respektive ner.

Att ha tålamod och låta tiden arbeta för dig genom att investera när priset är lågt och sedan vänta på att priset på aktierna pendlar upp och ger dig vinst.
Det är vad de riktiga investerarna brukar göra.

Det här ska du komma ihåg då det tillsammans med det som jag ska beskriva längre fram i boken är grunderna till att göra riktigt bra affärer och gör dig till en superbra investerare.

5   Det här är risk

En riktig investerare vet att det finns ingen genväg. När du hittat ett
fantastiskt bra investeringsobjekt och du har gjort en noggrann analys.
Då måste investeraren ha modet att köpa och sedan ha mycket stort
tålamod. Även om du har gjort allt du kan för att veta att bolagets
aktier blir en bra investering finns det två faktorer som du inte kan
kontrollera.
Det finns alltid en viss risk kvar och du behöver också en viss portion
av tur.

För att oturen och riskerna ska påverka resultatet av din investering så
lite som möjligt behöver du fundera över vilka risker som finns. Om
risken är hög när du investerar i ett visst bolag, då är chansen låg att
affären blir vinstgivande. Det är vanligt att investerare tror att om
vinsten ska vara hög så måste även risken vara hög.

Så är det inte när du tänker långsiktigt!

Det som kännetecknar de mest kända investerarna är att deras
strategier har innehållit en viktig ingrediens, de har medvetet valt att
satsa på bolag som medför låg risk. Men som du vet så är all handel
med värdepapper förknippat med risker. När aktiemarknaden svänger
har lågriskaktier visserligen en tendens att inte rusa upp snabbt, men
de faller heller inte lika mycket som i bolag där risken är högre. De
tuffar på i maklig takt och ger således inga kortsiktiga klipp, men
minskar också risken för att du ska förlora pengar på din investering.

Låg risk kan översättas till aktier i bolag som för tillfället erbjuder en
stor säkerhetsmarginal vid köp av de aktierna. Större bolag ger relativt
större säkerhet än små bolag. Större bolag med, för tillfället, relativt
lågt pris ger dig ännu bättre säkerhetsmarginal.

Det är med kunskap som du kan bemästra risker men först behöver du
identifiera vilka risker som finns och ju mer du lär dig, vet du att det
finns saker som kan hända som du inte kunde se i förväg.

Den som tror sig veta allt vet egentligen inget!

Rädslan att förlora pengar finns både hos unga som hos äldre och är oberoende av hur stor erfarenhet du har. Inte heller beror det på hur mycket pengar det handlar om.

Vi tycker inte om att förlora pengar!

Det är en av de viktiga psykologiska aspekterna som påverkar dina beslut.

Med rätt verktyg kan du komma långt, men det är lika viktigt att du inser vilka psykologiska krafter som påverkar både dig och de andra aktörerna på marknaden.

Här är några risker som alltid finns med:

- Världshändelser som påverkar marknaden eller bolaget negativt.
- En större nedgång på hela börsen.
- Olycka eller attentat som påverkar bolaget eller kunderna negativt.
- En dålig företagsledning, eller bedrägeri kan skapa nedgång.
- Marknaden kan tappa intresset för bolaget och dess aktier.
- En konkurrent kan ta över marknadsandelar från bolaget.
- Du kan ha köpt bolaget till för högt pris.
- Oförutsedda händelser, du kan tänka dig, som kan påverka bolaget.

Det oförutsedda sker

En risk som du aldrig kan komma ifrån är de oförutsedda händelser, du inte kan tänkta dig, vilka kan påverka bolaget eller dess marknad negativt.

De kallas **"Svarta Svan Händelser"** och kan inte förutspås men risken finns alltid med och kan därför göra stor skada. Du bör ha det med i din kalkyl av risker och om du är förberedd så kan du också vända dessa händelser till din fördel.

Genom att ha möjlighet att investera i en marknad eller ett bolag som tillfälligt drabbats av en nedgång kan ge dig den bästa investeringen du någonsin hade kunnat göra.

Vi ska titta närmare på det här.

Det finns alltså risker som vi kan förutse som vi kallar kända risker. Sedan finns det risker som vi kan förutse men de är så otroligt att de ska hända så de betraktas som oförutsedda risker.

Men sedan kommer vi till ytterligare en av börsens hemligheter som kallas okända, okända risker. Ja, det är lite kryptiskt faktiskt men det är ändå en sak du behöver känna till. Risker som du kan skriva upp på en lista är kända risker som vi kan förbereda oss för. Det kan vi bland annat göra genom att se till så att vi har en hög säkerhetsmarginal.

De okända riskerna som vi också kan kalla oförutsedda risker för att vi kan se dem men de är så otroliga att det är inte så stor idé att förbereda oss mot dem men ändå ha en beredskap om de inträffar som med hög säkerhetsmarginal bör du ändå kunna klara dig ganska bra om det otroliga skulle kunna ske även om det är mindre troligt att det sker.

De okända, okända riskerna är omöjliga att förutse.

De brukar vi som jag skrev tidigare kalla för "Svarta Svan Händelser" efter en historisk händelse då man trodde att alla svanar endast var vita ända till att man upptäckte det otroliga att det finns också svarta svanar.

Nassim Nicholas Taleb beskriver mer ingående hur denna händelse har blivit ett uttryck som används i många sammanhang men även inom ekonomi. Inom ekonomin används nu beteckningen "Svarta Svan Händelse" för en händelse som ingen kunde förutse att det skulle kunna hända men när det hände hade det stor påverkan på ekonomin för många människor.
Taleb beskriver detta fenomen ingående i hans bok **"The Black Swan"**.

Du hör eller läser ibland om att någon tror att en specifik händelse som de beskriver kan bli nästa **"Svarta Svan Händelse"**.

Kom då ihåg att om de kan beskriva en otrolig händelse som en risk så är det inte en **"Svarta Svan Händelse"** utan en okänd risk eller kanske till och med en känd risk.
En **"Svarta Svan Händelse"** är av den sorten att det inte kan förutses. Kan en händelse beskrivas då är det ju lite känt att det skulle kunna ske i alla fall.

Att en terrorattack mot World Trade Center på södra Manhattan i New York skulle ske var en sak som anses att ingen kunde ana, ändå skedde det den 11:e september 2001. Personligen anser jag att det inte var en **"Svarta Svan Händelse"**.
Det hade också stor påverkan på både människor och i viss mån ekonomin för många. Det brukar betraktas som just en Svart Svan Händelse. Det vi inte kan förutse kan vi inte heller förbereda oss fullt ut mot men helt klart är en hög säkerhetsmarginal till stor hjälp.
På grund av dessa svarta svanar bör du inte investera allt på börsen då en sådan händelse skulle kunna skada din ekonomi på ett sätt som kanske inte går att reparera.

Säkerhetsmarginal

När priset är avsevärt lägre än värdet är det bra att köpa om några andra kriterier också uppfylls som visar att det i övrigt är ett bra bolag att köpa eller om det som har gjort att priset gått ner är övergående.
Desto billigare aktien är i förhållande till bolagets värde desto större blir säkerheten för dig och risken att förlora pengar minskar.
Man kan kalla avståndet från det ungefärliga värdet på bolaget ner till den låga aktiekursen för en säkerhetsmarginal.
När du ska investera är det bra med så stor säkerhetsmarginal som möjligt.

Du kan också få en viss säkerhetsmarginal om du köper aktier i de större bolagen då stora ras i dessa bolag är mindre vanliga än i de mindre bolagen.
Inget är helt säkert när det gäller aktier men du kan själv bestämma

dig för att göra det du kan för att det inte ska bli som att bara satsa på rött vid spelbordet på casinot.

Det du behöver när du är en riktig investerare är en så stor säkerhetsmarginal som möjligt men hur får man det i sina investeringar undrar du kanske.

Ett enkelt sätt att minimera riskerna på är väldigt lätt att använda sig av.
Välj endast aktier bland de större bolagen och håll dig helt ifrån bolag som förhoppningsvis ska tjäna pengar i framtiden, så kallade förhoppningsbolag.
För varje åtgärd du väljer att göra, ökar säkerhetsmarginalen.
Välj också bolag som har en enkel affärsidé som du förstår för om du inte förstår den affärsidé som bolaget har kan du ha svårt att se att något negativt för bolaget har inträffat eller är på väg att inträffa.

Blir du intresserad av ett bolag som du inte riktigt känner så kan du läsa på och lär dig vad de sysslar med och vad som gör att de tjänar på sin verksamhet och vilka risker som kan göra att en investering inte blir så bra.

Nästa sak är givetvis att välja bolag som tjänar pengar på sin verksamhet. Ett bolag som säljer mycket men inte skapar vinst är inte lika säkert. Eller ett bolag som är i ett uppstartsläge och det kan ta tid innan de börjar tjäna på sin affärsidé.

Ett bolag som ökar vinsten år från år är givetvis att föredra och har troligen en positiv effekt på aktiekursen.
Väljer du bolag med relativt låg belåningsgrad och som har en buffert i sin kassa så ökar också säkerhetsmarginalen.

Direktavkastningen diskuteras på grund av att vissa tycker att ett bolag som återinvesterar sin vinst i verksamheten är bättre men som investerare är det bra att känna till att en bolagsledning sänker inte gärna utdelning som de brukar ha och ökar utdelningen varje år så är det ett mått på att bolaget går ganska bra.
Om aktiekursen inte ökar så mycket eller går ned så får du ändå en

utdelning som du kan återinvestera i andra vinstgivande bolag.
Läs gärna mer om bolagsledningen och se om du kan få förtroende för
hur bolaget styrs och vilka risker bolaget eventuellt tar.

Vi har nämnt att priset är viktigt att det är lågt och kan du köpa när det
är aktie-REA så ökar din säkerhetsmarginal ytterligare.

Köp helst inte fler bolag än du kan hantera och hålla koll på. Ett bra
mått är maximalt tio bolag, men om du använder min REA-metod fullt
ut kommer du ha 20 bolag som max men då får du hjälp av REA-
metoden att hålla koll på dem.

REA-metoden beskrivs lite senare i boken och den beskrivs mer i min
tidigare utkomna bok "Slå Börsproffsen".

Diversifiera med måtta då för stor spridning ger risken att du har
sämre bolag i din portfölj än du vill ha och därmed en större risk.

Vissa personer anser att du kan öka risken om möjlig vinst ökar
proportionellt.

Det är spelarens självförsvar för att öka risktagandet och har inte med
seriösa investeringar att göra.

Investera aldrig utan att göra en egen analys för annars vet du inte vad
du gör och det blir då också ett lotteri och ingen investering.

Sist men inte minst ha en långsiktig investeringshorisont. Försök att
göra snabba klipp ökar risken markant.

Om du kombinerar de här små råden så ska du se att din portfölj blir
säkrare och ger bättre avkastning på lång sikt.

Ibland bör man inte vara exponerad mot vanliga aktier

Dina egna kunskaper och den tid du kan avsätta är avgörande om du
kommer att lyckas göra vinstgivande investeringar. Med en längre
placeringshorisont är behovet av nedlagd personlig tid inte lika stort,
inte heller krävs det lika mycket kunskaper, men det krävs att du har
rätt kunskaper.

Du som någon gång köpt aktier när kursen var hög och sedan sålt när
kursen var låg, vet vilken vånda och otillfredsställelse det kan ge.

Själv har jag förlorat på mina investeringar flera gånger och vet hur tråkigt det kan kännas att förlora på något som man trodde skulle ge avkastning.

Ett bra angreppssätt är att analysera vad som förorsakade förlusten. Berodde den på omvärlden, dig själv eller det verktyg du använder?

Det finns tillfällen då en viss bransch blir en bubbla och då ökar riskerna starkt att en investering kan bli en förlustaffär.
Men det händer även ibland att nästan alla bra bolag får för höga priser då behöver du fundera över om det är så att det finns andra sätt att investera din valuta på ett klokt sätt.

Vissa säger att det är när du är exponerad mot börsen du tjänar mest och att inte vara exponerad mot börsen är sämre. Det stämmer till viss del men inte helt.

**Bra bolag
+ Lågt pris/aktie
+ Mycket låg risk
= Bra investering**

Det kan finnas anledning att lära sig mer om investering i obligationer, ädelmetall eller att se om det ändå finns någon del av börsen som har aktier i en prisnivå som gör att det kan bli bra investeringar.

Att följa flocken är det sämsta du kan göra i en situation då börsen bara stiger och stiger men bolagens värde stiger inte i samma takt.

Det kan vara så att vissa råvaror har ett lågt pris och då kan man investera direkt i råvaror eller i värdepapper som stiger i pris när råvaran stiger. Men akta dig för att hamna i en spekulationsliknande situation.

Det finns alltså tillfällen då vanliga aktier kan vara för riskfyllt och om du är en värdeinvesterare så väljer du inte att investera i bolag med för högt aktiepris. En riktig värdeinvesterare letar efter andra möjligheter och det finns ofta på börsen men du behöver tänka lite annorlunda och vara en så kallad contrarian och tänka konträrt och inte följa flocken av alla andra aktörerna på börsen.

Omvärldsanalyser

Om du nu har en mycket bra strategi som hjälper dig att tänka rätt och att veta hur du bör agera på aktiemarknaden så behöver du en metod att använda dig av för att göra bra men enkla analyser men den värld vi lever i har en tendens att förändra sig. Det kan bero på händelser eller utveckling men det är oftast saker som sker i olika cykler. Med en riktigt bra strategi som alltid fungerar behöver du inte byta strategi men du kan behöva byta metod beroende på att du behöver investera i en annan typ av investeringsobjekt. Du kanske investerar i vanliga aktier men de har blivit för dyra för att du ska finna bra investeringsobjekt. Då kan det vara ett bra tillfälle att fokusera mer på en sektor som har lägre priser för tillfället.

Till exempel kan råvaror vara billigt eller ädelmetaller och då kan man investera direkt i de råvaror som är billiga eller också investerar man i aktier som är relaterade på något sätt till dessa råvaror. Vill du då investera i aktier i ädelmetallgruvor behöver du göra analyser på ett annat sätt än det sättet som du analyserar vanliga verkstadsaktiebolag på. För att veta vad som händer i världen är det bra att leta efter information som är lätt att hitta, men det är inte alltid den informationen som vanliga media förmedlar, de som behövs är hela sanningen och inte den information som är friserad eller bara del av sanningen.

60

Leta därför på annat håll också. Det finns nu mycket information att få via nätet och via olika poddar med intervjuer och annat samt alternativa nyhetsmedia.

Var dock på din vakt!
Allt som förmedlas är inte heller där sanningar så det är bra att lyssna och läsa på många olika ställen.
Hittar du en marknad eller ett bolag som kan vara intressant bör du alltid ställa dig frågorna, **"Hur många andra känner till det här och har priset redan ökat för mycket för att det ska vara bra för dig?"**

Vissa siffror och kurvor kan ge en indikation om situationen som råder och vart det borde led oss. Men man behöver se på flera saker för att få en riktigt klar bild om hur situationen är just för tillfället.
Viss information kan du få från **Statistiska Central Byrån** som nu bara kallas **SCB**.
Här kan du se på statistik om arbetsmarknaden, befolkningstillväxten, skulder och bytesbalansen, import och export, fastighetsprisernas utveckling med mera.

En indikator på om vi kan vara i en högkonjunkturs slutfas eller om en bubbla byggts upp kan du få från statistiken över finansmarknaden där stor ökning av antalet investerare och spekulanter på börsen kan vara en bra signal.
Letar rätt på rubriken Aktieägarstatistik på hemsidan **www.scb.se**

Här är några indikatorer som du kan ta hjälp av.

P/E-talet har jag nämnt tidigare. Om bolag har negativt P/E-tal går de inte med vinst. Om många bolag går med förlust är det intressant för att se hur konjunkturen ser ut, vilket bör vara intressant.

Är **P/E-talets medelvärde** för alla bolag på marknaden högt så är det kanske en bubbla som har byggts upp.
Du bör räkna ut medelvärdet också utan att ta med banker, investmentbolag och fastighetsbolag då dessa normalt har lägre P/E-tal och därmed drar ned medelvärdet.

Shiller P/E som vi också tagit upp tidigare är en indikator på om börsen är billig eller dyr över lag. Man delar summan av hela börsens börsvärde med börsens 10 års genomsnittliga inflationsjusterade vinst. Ett bolags börsvärde är inte ett bolags värde utan endast aktiepriset gånger summan av alla bolagets aktier.

Tobins Q lanserades av nobelpristagaren James Tobin. Metoden kan användas för att se om aktiemarknaden är högt prissatt eller om den är lågt prissatt samt om företagen behöver investera mer eller inte. Metoden har blivit lite ifrågasatt men kan användas i kombination med andra metoder.

Summan av börsvärdet divideras med återanskaffningspriset. Om resultatet blir 1 så är pris och värde samstämmigt men om svaret blir högre än 1 så är börsen högt prissatt och om svaret är lägre än 1 är börsen över lag billig.

Återanskaffningspriset är den kostnad man skulle ha om man nu köpte företagets inventarier, fastigheter, maskiner och lager på nytt

Buffett-indikatorn, Warren Buffett är en av börsvärldens mest kända personer, det sägs att han brukar använda denna indikator på om börsen har ett högt pris eller inte.

Landets totala börsvärde delas med landets Brutto National Produkten, BNP. Sedan multiplicerar man med 100. (BNP är ett mått på summan av alla varor och tjänster som produceras under ett år, det visar hur landets ekonomi mår)

Ett svar över 100 indikerar att börsen har ett över lag högt pris medan om svaret är lägre än 100 är börsen över lag billig.

Det finns mycket att utforska när det gäller omvärldsfaktorer inom landet och resten av världen. Börja i liten skala att lära dig mer om vad som sker och hur världsekonomin mår och vårt eget lands ekonomi.

De här faktorerna påverkar hur börsen utvecklas på längre sikt och hur olika branscher kan utvecklas.

6   En fungerande strategi

Marknaden ska tjäna dig, inte guida eller instruera dig.
Marknaden reagerar ofta irrationellt och ologiskt på kort sikt. Men på
lång sikt förändras priset så att det bättre stämmer med bolagets
inneboende värde. Genom att ha en strategi eller filosofi som stöd kan
du göra mer rätt som investerare.

Många böcker och kurser om investering säger, för att bli en vinnare
måste du hitta en strategi som passar just dig och hur du tänker när du
köper och säljer aktier.
För att analysera strategin måste du först använda den fullt ut och
hålla fast vid den ett tag. Annars kan du inte veta om det är strategin
som inte fungerar, eller om det är du själv som gör att det inte
fungerar. Det finns många fallgropar, inte minst psykologiska, det vi
kallar **BIAS**.
Frågan är hur du som kanske inte hållit på så länge med aktier eller är
nybörjare ska kunna välja både strategi och metod då det tar lång tid
att utvärdera båda verktygen.

Ju kortare dina investeringar är, desto mer tid behöver du avsätta för
att arbeta med dina val. Du behöver också lägga ner mer tid på att lära
dig agera för att få en bra avkastning. Bra investeringar som ger god
avkastning fordrar varken insiderinformation eller extra mycket
kunskaper, även om det kan vara till hjälp.

Vad du behöver är ett logiskt system, en metod för att använda
tillsammans med en strategi som bygger på logik och sunt förnuft.
Strategier som bygger på komplicerade ekvationer och avancerade
formler är raka motsatsen till det jag menar är en bra strategi.
Det är dessutom roligare att tjäna pengar snabbt men det är inte
särskilt förnuftigt att förlora pengar på grund en alltför riskabel
strategi. För att göra bra aktieinvesteringar behöver du alltså ett bra
regelverk att arbeta efter. Det är dessa regelverk vi kallar strategier.
Regelverket strategi kan vi också se som en filosofi eller ett paraply
över allt det andra som du gör som investerare.

Jag ska beskriva det på det sätt som jag som är arkitekt känner till, genom byggbranschen som liknelse
Om du ska bygga ett hus då behöver du givetvis utbildning och kunskaper som för att du ska veta vad och hur du ska göra saker. Det är precis det som du nu håller på att skaffa dig för som aktör på börsen behöver du bra kunskaper.

Som husbyggare behöver du också ritningar och beskrivning av det tänkta färdiga resultatet, en kommande byggnad.
Det är exakt det som är en bra strategi, din ritning och beskrivning som gör att du tänker rätt som investerare.

Det blir ingen byggnad med bara en ritning, nej du behöver också rätt verktyg och skyddsutrustning. Det är det som vi kallar för en bra metod.

Sedan behöver du också material och utrustning för att bygga en byggnad. Det är där det kommer in att du ska välja rätt ställe att leta investeringsobjekt. Materialet är bra bolag med hög säkerhet och låg risk för dig som investerare.

När du har allt det här, kunskaper, ritningar, beskrivning, rätt verktyg och rätt material, då är det bara att sätta i gång med att bygga en byggnad och på samma sätt ska du använda allt det som jag tagit upp för att bygga hög avkastning på dit kapital.

Strategierna varierar mellan olika personer på aktiemarknaden. Vad som är en bra strategi för dig måste du själv bedöma. Men det är viktigt att hålla fast vid strategin som du har valt, ända tills du är säker på att det är bättre att byta till en bättre fungerande strategi. Börjar du tvivla på din strategi, eller har svårt att hålla fast vid den, bör du se över om den behöver förändras eller om du ska byta strategi helt och hållet.

Vad skall du då bygga din strategi på för att få maximal avkastning på de pengar som du väljer att investera med? Det logiska för dig borde att redan nu välja en beprövad strategi som nästan alltid fungerar.

Den som först skrev ned strategin i sina böcker, **Benjamin Graham**, sade strax före sin bortgång att hur han än försökt testa strategin, han kallade **"värdeinvestering"**, genom åren har den motstått alla försök att slå undan benen på strategin De flesta berömda investerarna använder sig av den bästa och alltid fungerande investeringsstrategin som jag nämnde att Benjamin Graham gav namnet åt, värdeinvesteringen.

Om du vill bli en riktig investerare bör du också välja värdeinvestering som din ledstjärna på börsens oändliga hav.

Om du återinvesterar den avkastning du får så kommer din aktieportföljs värde stiga. Men du behöver hålla koll på de risker som finns för att få så få överraskningar som möjligt. Du behöver ta till dig några saker för att bli en riktig investerare.

Den första är att du bör köpa aktier till ett så lågt pris som möjligt för att få så stor vinst som möjligt. Det andra är att du alltid bör återinvestera vinsten vid försäljning och eventuella aktieutdelningar då får du en större utveckling av värdet på din aktieportfölj. Den tredje saken är att du ska ha en så hög säkerhetsmarginal som möjligt.

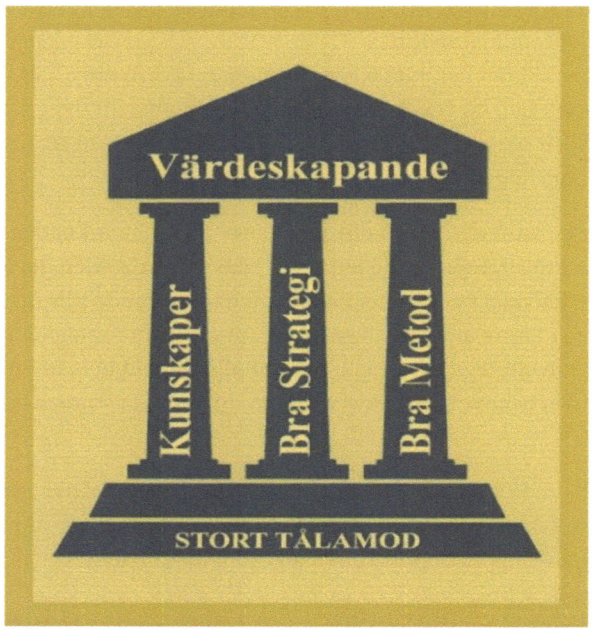

En klok investerare har tre pelare som bär upp konstruktionen av värdeskapandet på aktiemarknaden.

- Det första pelaren är att du behöver rätt kunskaper för att bli en bra investerare. Det är kunskaper du får av att läsa den här boken.

- Den andra pelaren är en väl beprövad strategi som alltid fungerar.

- Det tredje pelaren är att du behöver en logisk och enkel metod som vilar på den andra pelaren.

Grunden i värdeinvestering är, som jag berättade här ovan, att investera i något till ett lågt pris med låg risk och att sedan sälja till ett högre pris.

Det är något som är väldigt lätt att förstå och att säga det men det är mycket svårare att verkligen göra det på grund av att det är enormt mycket som stör dig och försöker locka dig att göra fel. Men en riktig investerare vet att det är det pris du betalar för en aktie som till stor del påverkar hur stor vinsten kan bli med den aktuella investeringen.

Benjamin Graham, den person som brukar betraktas som fadern till värdeinvesteringen, sade "Priset är det du betalar. Värdet är det du får"

Grunden i värdeinvestering är alltså att investera i något till ett lågt pris med låg risk och att sedan sälja det du investerat i till ett så högt pris som möjligt.

En riktig investerare vet att det är det pris du betalar för en aktie som till stor del påverkar hur stor vinsten kan bli med den aktuella investeringen. En ofta förekommande misstolkning är att när man investerar i det som kallas värdeaktier så är man en värdeinvesterare. Det är inte helt riktigt!

En värdeinvesterare letar efter, identifierar och investerar i värden som marknaden har missat. Sedan behöver du tid och tålamod att invänta att marknaden upptäcker samma sak som du redan har funnit.

Få investerare på aktiemarknaden har gått en kurs eller läst böcker som den här, vilka handlar om värdeinvestering, därför blir deras förhållningssätt till börsen mer likt ett gigantiskt casino.

Dessutom finns det många investerare som lärt sig en del om värdeinvestering men ej lärt sig förstå logiken och den innersta kärnan i värdeinvesteringen. Det är nödvändigt att förstå det bakomliggande som ger kunskapen om vad som gör att metoden och strategin fungerar. Ofta är det investeraren själv som är den största fiende på aktiemarknaden.

När priserna på aktiemarknaden stiger på börsen drabbas vi lätt av girighet och när priserna faller drabbas vi av panik. Det händer för att vi är människor som ärvt den förmågan som i viss mån är bra som grottmänniska eller som jägare men inte som investerare på börsen.

Båda situationerna, med girighet och panik, förstärks av att många av investerarna påverkar varandra. Det finns en ständig tillströmning av nya investerare på aktiemarknaden som har en tendens att upprepa samma misstag om- och om-igen.

En av börsens stora hemligheter är hur bra värdeinvesteringen är som strategi och hur du ska tänka som värdeinvesterare för att utnyttja marknadens oförmåga att agera logiskt och ständigt glömma bort olika bolag.

Värdeinvesteringens skönhet ligger i dess enkla logik att köpa billigt och sälja dyrt. Du måste, som jag skrivit tidigare, förstå skillnaden mellan priset på aktier och bolagets värde. Att köpa bra bolag verkar logiskt men bra bolag som många vet är bra bolag, får ofta ett för högt pris för att det ska vara en bra investering att köpa de bolagen. Så om väldigt många gillar ett bolag så blir det förmodligen för dyrt. Köp i stället aktier i bortglömda bra företag med högt eget kapital och hög direktavkastning till ett lågt REA-pris. Utöver det här är långsiktigheten och stort tålamod viktiga ingredienser för stora framgångar. För en riktig investerare handlar arbetet lika mycket om att hitta vinnarbolag som att undvika att göra katastrofala aktieköp.

Som värdeinvesterare hittar du och investerar i de värden som marknaden för tillfället har missat. Sedan måste du ha tålamodet att invänta att marknaden upptäcker att det är ett bra bolag. Då börjar man både investera i den aktien och dessutom börjar man skriva och prata om det bolagets aktie. Det är då aktiekursen tar fart och börjar först komma till den nivå som är rimligt för bolaget och sedan stiger det ofta ännu mer och passerar bolagets värde per aktie.

Det här är så logiskt att det nästan inte skulle behöva beskrivas i en bok för att lära sig det men en sak till är viktig i sammanhanget och det är att det handlar lika mycket om att hitta vinnarbolag som att undvika att göra katastrofala misstag. Köp alltså aktier i lite bortglömda bra företag till ett lågt pris med en så hög säkerhetsmarginal som möjligt.

De orsaker vilka gör att det fungerar, är dels att det är väldigt logiskt men ytterligare en av börsens stora hemligheter är hur bra värdeinvestering är som strategi och att hur den stora massan av aktörer på aktiemarknaden agerar är de som gör att strategin alltid fungerar. Aktörerna på marknaden är en viktig faktor och det finns en ständig tillströmning av nya aktörer vilka har en tendens att upprepa samma misstag om- och om-igen.

Förutom att den stora massan av aktörer som vi kallar marknaden följer flockens ledare och inte tänker självständigt utan ständigt faller offer för många olika psykologiska misstag, BIAS.

Det faktum att vi människor gärna vill ha snabba resultat och många saknar det tålamodet som är en viktig ingrediens för att strategin ska fungera för dig.

Även om du gör allt rätt i övrigt men saknar tålamodet så faller pelaren som är din strategi.

Utan strategi famlar du i mörker på aktiemarknaden och du har svårt att se att värdeinvesteringens skönhet ligger i dess enkla logik att köpa billigt och sälja dyrt.

Har du tidigare valt strategi eller är strategin att "det blir lite som det blir".

Tyvärr är det många som investerar ganska planlöst och som agerar impulsivt, utan att ha någon genomtänkt metod eller strategi som stöd.

Att hitta de rätta aktierna kan liknas vid guldruschens dagar i Kalifornien, där själva letandet var viktigt men också vilka verktyg man hade till sin hjälp för att finna guldet Med rätt verktyg går det mesta mycket lättare, men du behöver också kunskap och erfarenhet för att hitta guldkornen.

I mångt och mycket är det på samma sätt när du försöker hitta de bästa aktierna. Du behöver bra utrustning, men måste också veta hur du bör använda verktygen rätt.

I det här sammanhanget är din utrustning din strategi och din metod är på det sättet du använder dina verktyg.

Det finns en stor mängd av olika strategier och du kan även skapa dig en egen.

Det svåra är att välja rätt strategi för dig utan att du studerat vilka olika möjligheter som du kan välja bland.

Har du en kortsiktig investeringstrategi eller en långsiktig strategi påverkas också behovet av de kunskaper du behöver och det har även inverkan på hur mycket tid du behöver lägga ned på arbetet med dina investeringar.

Det jag vill lära dig är att använda en strategi som fungerar och metoder som passar till den strategin.

Du kommer långt med sunt förnuft på aktiemarknaden men vanligt sunt förnuft är extremt ovanligt på aktiemarknaden.

Det gör att du som har mer bra kunskaper och förstår vad som gör att andra gör misstag kan använda den kunskapen på ett klokt sätt så att det du gör bygger på kunskap, logik, fakta och vanligt sunt förnuft. Det är själva kärnan i den första pelaren som bär upp ditt värdeskapande.

Med värdeinvestering som strategi har du ytterligare en pelare i den konstruktionen som skapar värde. Beroende sedan på vilken typ av investering du vill göra måste du ha ett tredje bärande ben. Annars faller konstruktionen och resultatet blir mindre bra.

Den pelaren är det som vi kallar metod. Metoden ska vara anpassad till det du vill investera i men ska stödja och vila på din strategi.

Långsiktigt tänkande

Tiden är din vän och impulsen är din fiende, är en devis som du kan ha stor nytta av då det är långsiktig investeringshorisont som ger bäst resultat över längre tid.

Dessutom behöver du då inte vara så aktiv då det är ofta som du bara väntar på rätt tillfälle att köpa och sedan väntar du på att priset på dina investeringar stiger till den nivå du kommer sälja.

Jack Bogle, en känd investerare, framhöll att långsiktig investering är det absolut bästa för en aktieinvesterare.

Genom att inte handla impulsivt om du ser en braskande rubrik, utan avvakta och analysera kommer dina investeringar att ge mycket bättre avkastning än om du agerar impulsivt.

Peter Lynch, en annan känd investerare, hävdar att det finns massor av tid att leta efter exceptionellt bra bolag att investera i. Att investera utan att göra en undersökning och utvärdering, är som att spela poker utan att titta på sina kort, menar han.

Peter Lynch har dessutom sagt något som du bör minnas om du någon gång vacklar i tron på din strategi.

"På lång sikt finns ett hundraprocentigt samband mellan vad som händer i ett bolag och vad som händer med bolagets aktie."

Vad han syftade på är att på kort sikt kan priset både vara för lågt eller för högt i förhållande till det verkliga värdet på bolagets aktier. Men på lite längre sikt kommer marknaden att upptäcka dessa fel och korrigera det så att priset stämmer bättre överens med bolagets inneboende värdet.

Verktyget du behöver använder är en enkel metod som endast innehåller logiska slutsatser och kända fakta som innebär att dina beslut blir oberoende av subjektiva kortsiktiga val.

En sådan metod skulle kunna liknas vid en enklare form av programmering, som du kan göra manuellt och med en hastighet som alla kan klara av. Det rör sig om enkla samband av typen: **"om detta inträffar, så ska du agera på detta sätt"**, helt baserat på din strategis grund.

Att kunna skilja på fundamentala, långsiktiga faktorer och psykologiska, kortsiktiga faktorer är viktigt för möjligheten att lyckas.

Du bör även hålla uppsikt över den risk du tar med en investering. Om risken är hög när du investerar i ett visst bolag, då är chansen låg att affären blir vinstgivande. Det är vanligt att investerare tror att om vinsten ska vara hög så måste även risken vara hög.

Det stämmer inte! Högre risk är som det låter högre risk att du förlorar på dina investeringar.

När du tänker långsiktigt i dina investeringar minskar risken att du tänker på fel sätt och att dina val blir bättre ur ett investerarperspektiv.

Det som kännetecknar de mest kända investerarna är att de lyckats bli vinnare på grund av att de har gjort ett medvetet val att satsa på bolag med relativ låg risk.

Dessutom har deras mål varit att på längre sikt erhålla hög avkastning på det investerade kapitalet. Alltså inte snabba klipp med hög risk utan en genuin tro på att det du gör kommer på sikt ge dig hög avkastning på ditt investerade kapital.

Om du väljer en strategi som bygger på samma principer som de mest kända investerarna har då har du ett bra fundament att stå på men det räcker inte hela vägen då det finns många fallgropar under din resa mot rikedom.

Du behöver därför kunskap om hur du som investerare behöver tänka och du behöver dessutom för att uppnå det ett logiskt system som hjälper dig använda din investerings strategi för att investera i bolag med hög relativ säkerhetsmarginal.

Du behöver dessutom en stor förmåga att inte förstöra strategins intensioner, genom att hålla dit eget psyke i schack.
Det systemet kallar jag för en metod för investering.

För att göra bra aktieinvesteringar behöver du alltså en strategi att ha som stöd för att med din metod välja aktier och tidpunkter för att köpa eller sälja.

Första delen i din metod bör vara att du inte skall lita på andra, utan göra dina egna analyser.

Du bör bilda dig en egen uppfattning utifrån dina egna kunskaper och den information du skaffar dig. Detta kan vara lättare sagt än gjort när aktiemarknaden styrs till stor del av psykologiska faktorer. Men med en bra metod kan du göra analyser och val lättare utan att dina eller andras **BIAS** påverkar slutresultatet.

Du måste ha en bra strategi som också stöds av din metod för att långsiktigt tjäna på dina investeringar. Att inte ha en strategi är som att ha en strategi för misslyckande.

Du ska inte tillåta dig bli stressad av allt som händer på aktiemarknaden utan ser tiden som din vän på marknaden.

Det är viktigt att du har en strategi som du verkligen har tänkt igenom så att du vill följa den. Att ha en strategi som du inte följer gagnar dig inte på något sätt.

Är strategin riktigt bra så fungerar den i de flesta situationerna som du kan hamna i som investerare.

Det är också viktigt att du har en eller några metoder som du kan använda i olika sammanhang men det är mycket viktigt att dina metoder fungerar bra under din strategis övergripande paraply.

Grunden i värdeinvestering är, som jag berättade tidigare, att investera i något till ett lågt pris med låg risk och att sedan sälja till ett högre pris.

Sedan återinvesterar du allt det som kommer av försäljningen av aktierna i andra nya bolag med lågt pris på aktierna med så låg risk som möjligt.

Det här upprepar du hela tiden utan att du själv skapar risker för förluster, då ska du se att det går ganska enkelt att bli rik på aktier om du har tålamod.

Det är det som är den stora hemligheten som gör dig rik på aktier, att det inte är komplicerat. Men det är inte helt lätt bara för att det inte är komplicerat.

Därför tjatar jag om det för att du verkligen ska ta till dig det och förstå det briljanta i strategin, värdeinvestering.

73

7   Det här är metod för investering

På aktiemarknaden dyker det med jämna mellanrum upp heta aktier som det skrivs och pratas om mycket. Många tror att om de inte köper de aktierna går de miste om fantastiskt stora vinster.

De flesta aktörer verkar också tro att man ska köpa aktier som har stigit och som fortsätter stiga och sälja de som faller. Det känns tryggt, eftersom många fler gör likadant så är man då en del i gruppen, den stora massan av aktörer på börsen.

Vid det här laget har du säkert förstått att ett sådant agerande inte är vad jag rekommenderar som det bästa sättet att agera som investerare. Om du anlitar en hantverkare förväntar du dig att den som ska göra jobbet både har relevanta kunskaper och rätt verktyg för att det ska bli ett bra resultat.

För att bli en bra investerare behöver du både kunskaper och bra verktyg. Skickligheten uppnår du genom att öva med mindre pengar i början för att ha råd att misslyckas medan du tränar upp dig till att bli en riktig investerare.

Någon har sagt att om du inte har en plan, så är det samma sak som att ha en plan för att misslyckas.

En plan är det du behöver i form av en strategi och sedan behöver du även verktyget som är din metod. En metod bör vara enkel att använda och vara helt logisk för att det ska fungera för dig. Metoden är det som gör att du vet vad du ska göra när du letar efter investeringsobjekten.

Metoden är också det som gör att du gör på samma sätt varje gång du ska köpa och så att du även vet när du ska sälja och hur du utför dina analyser.

En viktig fråga är varför så många aktörer handlar med utgångspunkt från det jag beskriver som felaktigt. Oftast beror det på brist både på kunskaper samt en bra strategi och en logisk metod.

Många vågar inte lita på sig själv och därför gör som den stora mängden av aktörerna, som vi ofta kallar för marknaden.
Du vet att människan är i grund och botten ett flockdjur som trivs i tryggheten hos flocken.

Det du ska söka är bolag som med egen styrka kan växa och ge avkastning oavsett vad som sker på marknaden. Det enkla i detta motsägs ofta av de mer komplicerade investeringsteorier och analysmetoder som är alltför svåra för oss vanliga människor att förstå.

> **Kom ihåg att allting ska göras så enkelt som möjligt, men inte enklare!**

Det här är återinvestering

Du ska behålla aktien så länge det som gjorde att du investerade i aktien finns kvar och gäller för bolaget. Med andra ord bör du någorlunda regelbundet kontrollera hur dina investeringar mår. När du upptäcker att marknaden har fått upp ögonen för något av de bolag du har i din portfölj är det troligt att priset börjat stiga.
När priser stigit så mycket att bolaget inte längre har ett lågt pris utan börjar bli lite för dyrt för att vara en bra investering kan det vara bra att sälja och ta hem vinsten.

En riktig investerare som vill att förmögenheten fortsätter växa tar valutan från försäljningen och köper aktier i nya intressanta investeringsobjekt. Det gör investeraren också med eventuella aktieutdelningar för att kunna göra nya investeringar i andra bra men bortglömda bolag. Du får inte tveka att sälja när din analys säger att du ska sälja, det kan vara fel på det viset att aktien fortsätter att öka i pris. Men du måste förstå att då ökar risken och därmed kan investeringen förvandlas till ett spel om pengar. Man inte ska gifta sig med sina aktier! När det finns anledning att sälja ska du inte tveka. Då riskerar du bara att bli sittande med aktier som du av olika anledningar inte kommer dig för att sälja.

När du säljer och köper igen kallar vi det återinvestering. Återinvesteringen är nyckeln till ett av alla börsens stora hemligheter. Om du ser den vinst du fått från försäljningen tillsammans med den eventuella aktieutdelninger som ränta du fått av att investera den valuta du köpte aktierna för.

När du köper aktier igen för den räntan och den nya investeringen ger ränta på samma sätt. Då har du fått ränta på den ursprungliga räntan.

Det kallar vi Ränta På Ränta-effekten.

Ränta på ränta gör att du över en längre tid får en logaritmisk utveckling av värdet på din portfölj.

Ränta På Ränta-effekten brukar beskrivas som det åttonde av världens underverk.

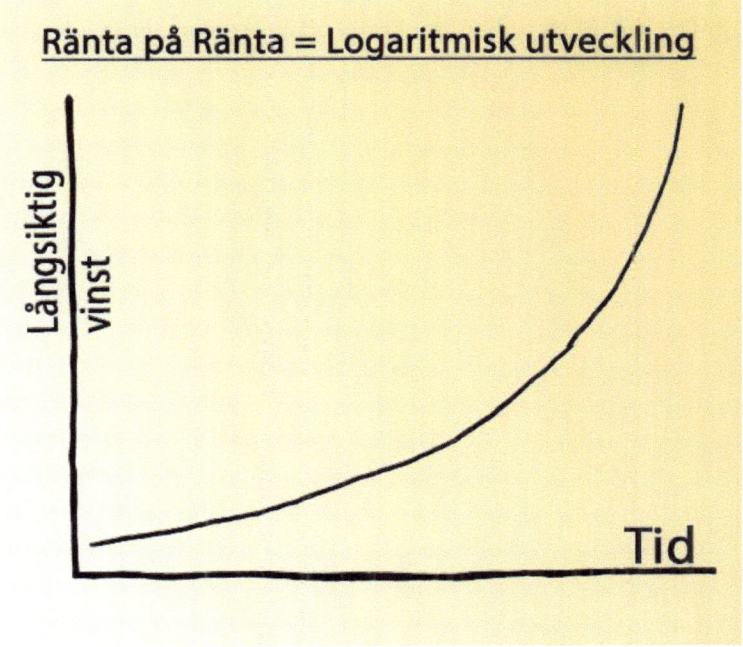

77

Återinvesterar du avkastningen uppstår det fina att du får ny ränta på den ränta du redan kasserat in. Det är detta som kallas ränta på ränta och som gör att din totala vinst på längre sikt ökar exponentiellt och din kurva över portföljens utveckling blir logaritmisk.

För att på ett enkelt sätt förstå hur resultatet kan bli och hur lång tid det tar att fördubbla ditt kapital kan du använda dig av det som brukar kallas, 72-regeln.

72 / Procent per år = Antal år för fördubbling.

Dividera siffran 72 med den årliga räntan som du tror att du kan få i din aktieportfölj – eller den du skulle vilja uppnå. Svaret är det antal år det tar för dina investeringar att fördubblas.

Du kan också räkna ut hur stor avkastning du behöver för att uppnå en fördubbling av det ekonomiska värdet.

72 / Önskad tid för dubbling = Erfordrad avkastning per år.

8   Olika metoder att analysera

Du har nu kommit långt när det gäller hur du bör tänka och agera som en riktig investerare. I det här kapitlet ska vi gå igenom hur det är att göra analyser på smidigt sätt utan att det ska bli betungande för dig. Vad är en analys och på vilka olika sätt går det att göra analyser.

Förs ska vi dela upp analyser för investering av aktier, valuta och råvaror i två huvudgrupper.

Först tar vi det som kallas teknisk analys.

Teknisk analys som förkortas "TA" är en grupp av olika metoder att analysera prisutvecklingen hos det som man analyserar, som går ut på att försöka se hur en möjlig framtida utveckling kan bli med ledning av hur prisutvecklingen har varit tidigare. Det sker genom att se på olika mönster och indikatorer som ger pivotpunkter, stöd och motstånd utifrån kunskapen om hur det brukar bli vid motsvarande mönster och signaler.

Jag anser att det finns vissa saker man kan ha nytta av att kurna inom "TA" men många metoder inom teknisk analys kan jämföras med att försöka spå i framtiden genom att se på det som redan har hänt. Om många använder samma metoder så blir det lite självuppfyllande. Men det är inte där du långsiktigt kan göra dina stora vinster anser jag.

Den andra huvudgruppen är det som kallas fundamental analys.

Fundamental analys förkortas "FA" och är en grupp av metoder där man söker information om en marknads eller ett bolags ekonomiska situation och möjligheten att utvecklas för att ge investeraren avkastning på sina investeringar.

Det kan i sin tur delas in i två synsätt när det gäller att göra analyser, **Top-Down** respektive **Bottom-Up** vilket beskriver vilket synsätt man använder och var tyngdpunkten ligger under analysarbetet. Det kan användas i olika sammanhang men här ser vi på vad det betyder för aktieanalyser.

Top-Down är ett angreppsätt där man utgår från olika makroekonomiska faktorer som världsekonomiska förändringar och marknadscykler.

Du ställer dig frågor, som vad är det som händer i världen, hur påverkar det branschen där bolaget är verksamt och hur det påverkar bolaget.

Du skapar dig därmed en förståelse för helhetsbilden av externa faktorer vilka troligen kan påverka bolagets ekonomiska utveckling och därmed din möjliga vinst om du investerar i bolaget. Du tittar på marknadssituationen, inflationen, **bruttonationalprodukten (BNP)**.

Är vi i en hög eller lågkonjunktur, hur står det till med arbetslösheten och kan det påverka marknaden. Finns det konsumtionscykler som kan ha inverkan på marknaden.

Bottom-Up vänder på angreppsättet så att du börjar med en bransch eller ett bolag. Vi börjar i ett microperspektiv där företaget kommer i fokus där du analyserar hur bra det går för företaget och hur framtiden är för branschen. Du tittar också på nyckeltal för att göra en klok bedömning innan du tittar på omvärldsfaktorerna. **Nyckeltal är jämförande siffror** av lite olika slag men som kan användas för att få reda på hur bra bolaget är eller hur vinsten är jämfört med andra bolag och liknande frågor. I vilken ordning analysen görs spelar mindre roll egentligen då en grundlig analys bör göras med alla frågeställningarna.

Bottom-Up passar troligen bäst när du har ett bolag som du vill analysera medan omvänd ordning kan passa bättre när du ännu inte valt vilken bransch du vill hitta ett eller flera bolag att investera i.

Strategin du väljer att använda kan också påverka vilken av typerna av fundamental analys du använder i din metod.

Det finns inga skarpa gränser mellan "TA" och "FA", vissa personer använder ibland den ena analysformen och ibland den andra men de finns också de som analyserar fram bolaget med "FA" men använder "TA" för att hitta bästa läget att köpa eller sälja.

När du ska göra en fundamental analys behöver du plocka fram lite fakta om det bolag du vill undersöka. En del av de du kan använda är då nyckeltalen. Mycket information hittar du på nätet på bolagets hemsida och på sidor där man hittar börstabeller med uträknade nyckeltal och viss historik.

Men ett bra ställe att hitta information på är också att läsa bolagens årsrapporter där det senaste årets ekonomiska resultat finns redovisat. Du kan också läsa förvaltningsberättelsen från bolagets VD. Här finns också information för att själv beräkna vissa nyckeltal.

Men mycket finns uträknat på flera nätsidor och på nätsidan "Morningstar" tillhanda håller man faktablad för varje bolag på svenska börsen som jag når via Avanzas börslista men informationen kan också hämtas direkt från Morningstars hemsida på www.morningstar.se.

Bolagen håller en gång per år en bolagsstämma där aktieägare får deltaga och höra vad bolagets styrelse och ledning har att säga om det året som har gått och om bolagets förutsättningar kommande åren. Äger du minst en aktie kan du också vara med på bolagsstämman men viktiga beslut är redan fattade av de stora ägarna så du har i de större bolag inte så stor möjlighet att påverka viktiga beslut.

Men att deltaga gör att du kan lära känna bolaget mer och få mer kunskaper om hur bolagsledningen tänker och planerar för framtiden. Viktigt är också att förstå bolagets affärsidé, vilket är kärnan i bolagets verksamhet där man uttrycker vad bolaget ska göra och för vem de ska göra det och på vilket sätt de tänker uppnå målet med affärsidén.

De fakta du behöver plocka fram, utöver faktorer utanför bolaget och om marknaden som bolaget är verksam på, är det vi kallar nyckeltal och några andra siffror.

Nyckeltal är det jag beskrev tidigare lite om tidigare och kan även kallas för jämförbara nyckelvärden som gör bolagets situation mätbar.

Aktiekursen är en faktor när du ska göra analyser vilket är priset per aktie. Priset per aktie varierar oftast varje dag och sätts i slutet på dagen då den sista genomförda affären noteras som dagens slutkurs.

Bolagets vinst vid senaste bokslutet är också en faktor som du ska ha med och delar man vinsten med antalet utestående aktier får man vinsten per aktie. Vinsten per aktie varierar om vinsten ändras men också kan variera om antalet aktier förändras.

Nettovinsten är det som rapporteras i bolagets rapporter och är vinsten efter skatt som också kan kallas resultat i årsbokslutsrapporten.

Lite senare ska jag gå igenom några av de nyckeltal som jag anser är viktiga att förstå och kunna använda på ett bra sätt när du gör dina analyser.

När ska du göra analyser

På aktiemarknaden dyker det med jämna mellanrum upp heta aktier, som diskuteras och analyseras både av professionella och mindre professionella analytiker. Det här har du nog förstått redan och att många tror att om de inte köper de heta aktierna så går de miste om fantastiska vinster.

Kursen är ofta på väg upp, eller så handlar det om så kallade förhoppningsbolag som har framtiden för sig och som man inte får missa, sägs det.

Förhoppningsbolag är bolag som oftast är nya på börsen och ännu inte har någon redovisad vinst men som förhoppningsvis kommer ha det senare. Vilket ofta kan ta lång tid eller att det inte alls blir någon vinst.

De flesta aktörer verkar också tro att man ska köpa aktier som stiger och sälja de som faller. Det känns tryggt, eftersom många fler gör likadant, vi är en del av en grupp som gör på samma sätt. Vid det här laget har du förstått att ett sådant agerande inte är vad jag rekommenderar. Men hur hittar man då det gyllene ägget?

För att bli en riktig investerare behöver du, som jag skrivit tidigare, både kunskaper och bra verktyg. Skickligheten uppnår du genom att öva med mindre pengar i början för att ha råd att misslyckas medan du tränar.

Det finns mängder av analysmetoder och strategier som du kan använda men jag vill att du tar till dig den strategi som bevisligen, verkligen fungerar, värdeinvesteringsstrategin, och några metoder som är logiska och stöder den strategin.

Att kunna skilja på fundamentala, långsiktiga faktorer och psykologiska, kortsiktiga faktorer är viktigt för möjligheten att lyckas. De kortsiktiga faktorerna har oftast sin grund i att marknaden har fått glädjefnatt, eller av någon anledning har blivit orolig. Den stora massan av aktörer på aktiemarknaden tänker inte rationellt och har svårt att tänka långsiktigt, och dessa psykologiska effekter kan du dra nytta av.

Beroende på vilken strategi du väljer att använda och även beroende på vilken metod du vill använda kommer frågan om när du ska göra en analys att påverkas av dessa val. Om du använder dig av värdeinvestering som din strategi och om du använder dig av någon av de metoder som jag beskriver här i boken finns det några hjälpmedel du kan använda dig av.

Analyser kan du göra när du vill men om du gör analyser ofta riskerar du att starta reaktioner i din hjärna som gör att du känslomässigt agerar fel eller om du inte agerar kan skapar en oro hos dig som gör att du inte mår bra. Använder du dig av en metod som gör att du hittar ett bolag och sedan ska göra en analys innan ett eventuellt köp. Då kan du göra analysen när du vill men du behöver inte skynda dig då det alltid kommer fler chanser.

Det finns ett **BIAS** till som kallas **FOMO** som står för rädslan att stå utanför eller missa chansen som dykt upp.

FOMO är en förkortning av engelska **"Fear Of Missing Out".** Om du är rädd att tåget redan har gått för att vara med på en investering då har tåget säkert redan gått för den här gången. Ta därför den tid du behöver för att göra en analys och var noggrann så att du inte missar någon viktig fråga. För att ha ett verktyg i din metod bör du göra analyser minst fyra gånger per år. I mitten till slutet av mars är en bra tid för analys.

I slutet av maj är en annan bra tid för analys om man studerar statistiken och de två sista perioderna är i slutet av augusti och sedan kommer perioden i slutet av november.

Analyser kan vara roliga och ganska enkla att göra om du använder enkla metoder som hjälp att göra analyser jämfört med om man krånglar till det som tyvärr många gör. Du kommer säkert ihåg det som jag berättade i första avsnittet att Albert Einstein hade sagt.

"Allting ska göras så enkelt som möjligt – men inte enklare."

Många letar som jag sade, efter en enkel formel som löser alla problem, men så enkla formler finns inte men det finns några ganska enkla metoder som är så enkla som möjligt.

En enkel metod som jag kallar **REA-metoden** går det till så att du låter programmet Excel sortera fram de bolag som samtidigt är relativt bra bolag och samtidigt är relativt billiga att köpa. Den finns beskriven i boken Slå Börsproffsen och jag kommer också att gå igenom metoden här. Den metoden gör att du inte alls blandar in dina egna BIAS då du inte behöver fundera ut svar då metoden gör att du får fram det som är viktigt.

De tider som jag nämnde ovan passar mycket bra att använda till REA-metoden.

När ska du köpa

Det är på samma sätt när det gäller tidpunkten för att köpa att det beror lite på vilken metod du använder. När det gäller REA-metoden så kan man köpa under hela året men metoden är uppbyggd så att du bör köpa endast under två tidpunkter.

Det är de tidpunkter på året som statistiskt aktierna oftast har gått ned i pris och innan de börjar stiga igen enligt statistiken.
Det stämmer inte alla år men det är bra att ha något som strukturerar upp din tillvaro som investerare.

De tider som statistiken visar är tillförlitliga men inte helt säkra perioder är i slutet av maj till början av juni och den andra perioden är i slutet av augusti till och med hela september.

Väljer du en annan metod där du har hittat en aktie och gjort en analys som visar att det är ett bra bolags som du gärna vill investera i.
Då ska du inte vänta så länge med att köpa för då kan ju andra också ha sett det du sett och köper aktier i det bolaget som gör att priset stiger.

Om du har hittat ett riktigt fint bolag som du gärna vill bli delägare i men aktiens pris är för högt. Då ska du lägga bolaget under bevakning eller om du har några bolag i liknande situation kan du ha en bevakningslista som du tittar på någorlunda regelbundet och ser om något inträffat som gjort att bolaget inte längre är intressant och då stryker du bolaget från listan.

Men om något inträffat som gör att aktiekursen blivit extra låg och du bedömer att det som hänt är av övergående natur. Då passar du på att köpa.
Men för att kunna köpa när det händer, behöver du ha valuta att köpa med.

Du kanske undrar hur du då ska göra. Regelbundet sparande, varje månad, är mycket bra. Lägg märke till att jag säger sparande, inte investering!

Det finns de som säger att du ska investera varje månad när lönen kommit men det anser jag är fel sätt att agera på.

Jag vill att du förstår skillnaden på att spara och att investera.
Att spara innebär att du lägger undan en del av din lön varje månad.

Nästan alla kan spara en liten summa varje månad, det är ofta frågan om prioriteringar man får göra. Men den summan du kan lägga undan ska vara så stor som du kan, och det är ofta bättre att börja med lite högre summa och känna att det fungerar i övrigt. Du behöver givetvis vissa saker som mat och liknande men du behöver också unna dig att ha lite roligt och göra andra saker än bara köpa aktier.

Men nu till sparandet som bör vara på ett vanligt bankkonto och gärna med liten ränta om det går men utan någon bindningstid. Sparkontot bör ligga nära ditt investerings-konto hos en mäklare eller din bank. Detta för att det ska vara lätt och smidigt att föra in en summa som du vill använda att investera.

Om du då sparar regelbundet och inte köper aktier så ofta har du mer att investera med när det är dags. Låt dock inte mängden valuta på ditt sparkonto få dig att känna att du måste köpa något.
En riktig investerare vet att det är viktigt att vänta till rätt tillfälle kommer för att köpa.

Nu vet du också det!

När ska du sälja

Det finns några stora missuppfattningar kring när man ska sälja som florerar bland både amatörer och bland de som kallar sig börsproffs.

Det finns de som säger att man aldrig ska sälja.
Det finns de som säger att det aldrig är fel att ta hem en vinst och sälja.
Det finns de som säger att det är fel att sälja om en stor nedgång kan befaras.
Man kan inte "tima" marknaden, säger de då.

Alla de här är uttryck för att man har lärt sig en fras som inte riktigt stämmer. Jag ska försöka räta ut de här frågetecknen som nu säkert syns ovanför ditt huvud.

Varför är det fel att aldrig sälja?

Jo det är ju så att bolagsledningen eller bolagets produkter eller marknaden för bolagets produkter kan bli dålig och det påverkar möjligheten att aktien stiger och därmed är det inte en bra investering längre och då är det enda riktiga att sälja aktierna.

Varför är det fel att ta hem en vinst?

Egentligen är det ju inte fel att ta hem en vinst men det är inte alltid rätt att ta hem en vinst. Om bolaget har gått upp mycket och det är mindre chans att bolagets aktie ska stiga mer i pris. Då kan det vara rätt att sälja. Men det är viktigt att du har gjort en analys innan. Orsaken ska inte vara att du vill säkra en vinst. Det kan vara att du hittat en aktie som du gärna vill investera i i stället, då kan det vara rätt.

Du måste dock veta att ett bolag som stigit mycket statistiskt ofta fortsätter att stiga.

Det är när priset på aktien i så fall har stigit så mycket att det är lämpligare att sälja jämfört med att fortsätta att äga aktien som du då säljer för att ta hem vinsten och återinvestera den i något som är billigt och bra.

Om du är uppmärksam kan du se när en bubbla har utvecklats. Tyvärr finns det många som säger att det inte går att se, men de har fel!

När du ser att en bubbla har utvecklats i ett bolag eller på en marknad då ska du inte tveka att sälja.

Att ligga kvar och vara med på en fortsatt uppgång kan vara lockande då du säkert kan se en större uppgång under sista delen av en bubblas växande men det är svårt att "tima" marknaden för det stämmer och risken är stor att du därmed inte hinner sälja innan bubblan spricker.

Därmed är risken stor att du kan förlora mer än du kan vinna på att inte sälja innan.

En metod kan vara att sälja större delen av investeringen men behålla en mindre dela som du då spekulerar i att den kan växa sig riktigt stor men du kan också förlora stor del av det du låter vara kvar.

Så då kommer en ytterligare fråga att dyka upp. När ska man då sälja om det inte har hänt något drastiskt eller om det inte har med en bubbla att göra? Detta är ytterligare en av börsens viktiga hemligheter som gör dig till en riktig investerare.

Svaret är att när det som gjorde att du köpte aktier i bolaget inte längre gäller, då ska du sälja.

Om du valt att använda REA-metoden finn det en bra tidpunkt att sälja enligt statistiken och det är i början till mitten av april, gärna strax före 6:e till 7:e april.

Men om du använder en annan metod ska du med jämna mellanrum se över dina aktier och bedöma om något av det som gör det till en bra investering ändrats så att risken ökat eller vinsten befaras minska.

Warren Buffett som är känd som investerare och för alla lärorika uttalanden som ofta citeras. Här är ett citat som handlar just om det som är viktigt för dig som riktig investerare.

"Det enda viktiga när det gäller investering är att köpa bra aktier vid rätt tidpunkt och ha kvar dem så länge de förblir en bra investering."

Håller du dig till det här och bara köper vid några tillfällen under året och säljer endast vi ett tillfälle under året med REA-metoden. Och sedan ska du återinvestera allt igen i andra bolag som metoden sorterar fram. Då är jag övertygad om att du kan få en väldigt bra avkastning per år i snitt om du gör det under en längre tid.

Om du vill lägga ner lite mer tid på dina analyser kan du plocka russinen ur börskakan genom att endast investera i några få riktigt bra bolag.

Då behöver du leta reda på några nyckeltal och annan information lite mer manuellt och lära dig mer om de bolag du analyserar. Men det brukar över en längre tid betala sig genom att du har möjlighet att få ännu bättre avkastning på dina investeringar.

Givetvis beror resultatet på hur noga du är vid varje analys och att du följer de metoderna mycket slaviskt samt att du återinvesterar allt när du har sålt så att du får glädje av det som kallas Ränta På Ränta Effekten.

Det här är nyckeltal

Nyckeltal kan även kallas för jämförbara värden eller nyckelvärden som gör bolagets situation mätbar och jämförbart med andra bolag. Som du säkert redan märkt så är det många engelska uttryck som används på aktiemarknaden och särskilt när det gäller många nyckeltal. Som exempel när det gäller bolagets vinst per aktie kallas **"vinst/aktie" eller förkortas också "EPS"**.

Meningen med nyckeltalen är att visa företagens effektivitet, hur bra de är, i olika avseenden. Effektiviteten är ett sätt att beskriva hur bra företaget utnyttjar sina resurser, oberoende av hur stort bolaget är. Ett stort företag påverkar alltså inte nyckeltalet på grund av dess storlek mer än ett litet företag gör. Nyckeltalen gör att du kan jämföra bolag av olika storlek utifrån hur bra det är att investera i bolaget.

Några saker som du behöver förstå är det jag börjar med här.

Market Cap eller Börsvärde

Ett nyckeltal som ibland missförstås är det som kallas börsvärdet.

Det har oftast inget med bolagets värde att göra, utan är bara summan av alla utestående aktier på marknaden gånger det aktuella priset per aktie.

På engelska säger man **"Market Cap"**.

Eftersom priset per aktie ändras hela tiden så ändras också börsvärdet hela tiden men kan också ändras om det totala antalet aktier förändras.

Normalt uppdateras börsvärdet bara en gång per dag vilket innebär att vid stora kursrörelser kan börsvärdet vara missvisande.

Börsvärdet används för att kategorisera bolagen i stora, mellanstora och små bolag i börslistorna.

Large Cap
Är namnet på börslistorna för stora bolag med ett börsvärde på minst 1 miljard euro.

Mid Cap
Är listorna för mellanstora bolag med börsvärde på minst 150 miljoner euro.

Small Cap
Är då listorna för de små bolagen med börsvärde under 150 miljoner euro.

Det anses att de större bolagen med högre börsvärde är mindre riskfyllda att investera i, vilket stämmer, men det finns undantag i båda riktningarna.

Det finns andra börser och listor för ännu mindre eller nyare bolag som jag inte nämner här men du bör känna till att de finns också. När bolag har tillräckligt stor omsättning och kommit upp till ett börsvärde som gör att de kan kvalificera sig på någon av de större listorna vill bolagets styrelse och ledning gärna att de noteras på någon av listorna ovan för att då få ännu större omsättning av aktierna och därmed också möjligheter att priset stiger på aktierna. Vilket också ökar möjligheten att ta in mer kapital för utveckling av bolaget om så behövs.

-

Först ska jag gå igenom några nyckeltal som du bör känna till men kanske de inte är de viktigaste att använda när du gör enkla analyser men kan komma till användning när du vill göra lite mer avancerade analyser. Du bör kanna till dem och veta vad de avser att visa.

"EPS" eller "vinst/aktie"

"EPS" står för "Earnings Per Share". Lite slarvigt kallar vi det bara för vinsten men egentligen menar vi vinsten per aktie "EPS" för då är vinsten jämförbar.

Vinsten/aktie, "EPS", använder du som komponenter i andra nyckeltal men kan också användas för att se om vinsten gått ner under några år eller om den ökar. Ett bolag kan också ha tillfälliga bra år då "EPS" är högre än normalt. Om du letar efter ett riktigt bra bolag att investera i bör "EPS" ha ökat under de senaste 5-10 åren

"SALES" eller "Försäljning" alternativt "Omsättning"

Bolagets försäljning i kronor finner du i rapporter där resultaträkningen redovisas.

Om du letar efter riktigt bra bolag att investera i bör försäljningen ha ökat, försäljningstillväxten, under de senaste 5-10 åren

"CASH" eller "Fritt kassaflöde", "FCF"

Man räknar kassaflödet från löpande verksamheten men drar bort kassaflödet från investeringsverksamheten.
Nyckeltalet hittar du i rapporter och årsbokslutet där det fria kassaflödet redovisas.
Positivt kassaflöde har en bra inverkan på aktiekursen.

Om du letar efter riktigt bra bolag att investera i bör det fria kassaflödet ha ökat under de senaste 5-10 åren

"EQUITY" eller "Bokfört värde", "BUPS"

Bolagets bokförda tillgångar per aktie minus alla skulder per aktie. Detta nyckeltal ska inte förväxlas med bolagets inneboende värde.

Om du letar efter riktigt bra bolag att investera i bör bokfört värde ha ökat under de senaste 5-10 åren

"YOC" eller "Yield on Cost"

Används för att du ska kunna se hur mycket du har tjänat på aktieutdelningen i förhållande till det pris du betalat för dina aktier. Avkastningen i förhållande till din kostnad.

Har du köpt flera gånger behöver du använda det genomsnittliga priset per aktie som kallas "GAV", vilket står för Genomsnittligt Anskaffningsvärde. (Ha överseende med att man på engelska ofta kallar priset för värde).

"YOC" är alltså aktieutdelningen per aktie delat med ditt genomsnittliga anskaffningspris per aktie som du multiplicerar med 100, då får du reda på vilken ränta du fått i procent på det du betalat för aktierna.

Lite som den "bankränta" du fått av hur mycket du satt in på bankens konto.

"ROA", "Return on Asset"
Visar på företagets resultat före skatt, inklusive räntekostnader delat med bolagets totala kapital multiplicerat med 100 för att få nyckeltalet redovisat i procent.

På svenska säger vi Räntabilitet på det totala kapitalet.

Totalt kapital är summan av eget kapital och eventuella skulder.

"ROA" visar på hur effektivt bolaget använder tillgångarna för att skapa vinst.

"ROC", "Return on Capital"
Vilket på svenska är avkastning på kapitalet. Det visar om företagets vinst är hög eller låg i förhållande till det egna kapitalet.

"ROE", "Return on Equity"
Vilket på svenska är avkastning på det egna kapitalet. Det mäter hur bra bolaget är på att investera sina egna medel för att utvecklas.

"ROIC", "Return on Invested Capital"
Som på svenska är avkastning på investerat kapital. Därmed visar nyckeltalet, hur effektiv bolaget är på att skapa avkastning på sina investeringar och tillgångar.

"ROIC" bör ha ökat under de senaste 5-10 åren, då kan man säga att bolagets ledning under den tiden varit kompetent som lyckats med sitt arbete som företagsledning.

"ROIC" beräknas genom att nettovinst divideras med investerat kapital.

"ROIC" = (Vinst efter skatt – ev. utdelning) / investerat kapital.
Investerat kapital – Långfristiga skulder samt eget kapital.
Vinst efter skatt – Rörelseresultat som kan ses i resultatrapporten.

"Bruttomarginal"
Bruttomarginalen visar på vad bolaget tjänar i förhållande till de kostnader man har för tillverkning av deras produkter eller tjänster.

Om man jämför bruttomarginalen mellan olika bolag i samma bransch kan man se om bolaget kan behöva höja priset på sina produkter eller kanske se över produktionen och minska kostnaderna.
Man kan också se på nyckeltalet i förhållande till medelvärdet för den aktuella branschen.
Lite svårare att använda som nyckeltal för bolag i tjänstesektorn, men högre bruttomarginal är det som är bra för det bolag du är intresserad av.

Nu ska jag gå igenom några av de mest använda nyckeltalen som är de viktigaste att använda när du gör enkla analyser. Du som vill bli en riktig investerare ska förstå hur de är uträknade och förstå hur du använder dem. Vinst/aktie, "EFS", används väldigt mycket för att bygga upp andra nyckeltal men är i sig ett välanvänt nyckeltal men vi börjar med det i särklass mest använda nyckeltalet.

"P/E – talet"
Är det aktuella pris per aktie delat med bolagets vinst per aktie och på engelska blir det Price delat med Earning, **Price / Earning = "P/E-talet".**
Med det här nyckeltalet får du hjälp med att bedöma om priset är lågt eller högt men kan som vi pratade om tidigare inte användas ensamt.
Du behöver också veta om bolaget är bra eller dåligt i övrigt för att kunna fatta ett bra beslut.
Ett lågt "P/E-tal" visar på att ett bolag kan ha ett lågt pris i förhållande till vinsten per aktie, vilket kan vara ett köpvärt bolag. Men om "ROIC" samtidigt är lågt betyder det att bolagets ledning skapar låg avkastning på det investerade kapitalet.

Då är det förmodligen inte ett bra bolag att investera i utan ett bolag som ska ha ett lågt "P/E-tal".

Jag ska förtydliga lite senare hur du kan använda P/E-talet för att göra bedömningar om en aktie är billig att köpa eller om den är dyr att köpa.

Det är också ett nyckeltal som inte passar så bra för banker, fastighetsbolag eller investmentbolag.

"Shiller P/E" eller "P/E10 index" även kallat "CAPE"
Det är en ren vidareutveckling av P/E-talet men som används för att påvisa om en bransch eller börsen som helhet är dyr eller om den är billig.

Man delar summan av hela börsens börsvärde med börsens 10 års genomsnittliga vinst.

Utvecklades av nationalekonomen och professorn **Robert Shiller**. **Shiller** fick 2013 Sveriges riksbanks pris i ekonomisk vetenskap till Alfred Nobels minne.

"PEG"
Är även det en utveckling av P/E-talet genom att dela det med vinsttillväxten. Då får vi ett nyckeltal som passar bättre för att analysera så kallade tillväxtbolag.

Om värdet blir 1,0 har priset på aktien en ganska rimlig nivå. Medan om värdet blir större än 1,0 så är aktien dyr och om det blir lägre än 1,0 så kan aktien anses köpvärd om övriga faktorer också visar det.

"Substansvärde"
får du fram genom att dela Eget kapital för bolaget med antalet aktier. Eget kapital är alla tillgångar minus alla skulder. Eget kapital per aktie kan man också kalla substansvärdet.

Om priset per aktie är lägre än substansvärdet då får du mer värde i bolaget om du köper aktier i bolaget än du betalar för aktierna. Du får mer värde än priset du betalar och det kallas att du får **substansrabatt**. Vilket är positivt för dig som köper och det rimmar med grunderna i värdeinvesteringsstrategin.

Om priset per aktie är högre än substansvärdet får du det som kallas **substanspremie** och det betyder att du får betala mer för aktierna om du köper än det värde i bolaget du får.

När det gäller banker, fastighetsbolag och investmentbolag är det substansvärdet du ska se på i förhållande till priset på aktierna för att på liknande sätt som med P/E-talet för andra typer av bolag se om aktiepriset är högt eller lågt.

"Direktavkastning"

Direktavkastningen påminner om "**YOC**" men används för att bedöma om utdelningen är bra i förhållande till aktiens pris innan du köper. Lite som den "**bankränta**" du får om du sätter in valutan på bankens konto.

Utdelningen per aktie delat med aktiens nuvarande pris per aktie multiplicerat med 100. Då ser du hur många procent du kan få från bolaget som ränta på ditt eventuella köp av aktier.

Risk finns att bolaget kan minska utdelningen till aktieägarna vilket då påverkar avkastningen negativt men om bolaget ökar utdelningen blir vinsten större.

Det är vid årsstämman det beslutas om hur stor utdelningen för föregående år ska vara. Det är inte helt lätt för ett bolag att minska utdelningen till aktieägarna då är det vanligt att man behåller samma utdelning som föregående år om bolaget tillfälligt går sämre än tidigare. Relativt hög utdelning som också ökar varje år minskar risken med investeringen, se därför på utdelningshistoriken.

Om du letar efter riktigt bra bolag att investera i bör direktavkastningen ha ökat under de senaste 5 - 10 åren.

9   En fungerande metod

Ibland inträffar det REA på aktier vid samma tid för nästan alla aktier
på börsen. Det är då en nedgång på aktiemarknaden eller när börsen
behöver korrigera ett tidigare, generellt, för högt pris, mer eller mindre
kraftigt.

Det kan också vara ett längre ras på aktiekurserna som kallas för "**bear
market**", eller på svenska så kallad "**björnmarknad**".

För det mesta är dessa nedgångar kortvariga och inte så djupa, men
ibland blir de både djupa och långvariga. Då heter det att börsen är i
en tydlig "**nedåtgående trend**". Det finns även återkommande cykliska
mönster som du kan dra nytta av.

Sådana perioder ger oftast bra köptillfällen men det är inte de här
tillfälliga nedgångarna som REA-metoden handlar om. REA-metoden
är den metod som jag beskriver i boken "**Slå Börsproffsen**". De
tillfälliga nedgångarna kan utnyttjas för att göra extra bra
investeringar när väldigt bra bolag plötsligt blir väldigt billiga och
därmed köpvärda.

Jag ska förklara för dig här vad som också kan ge dig de investeringar
som du kan använda "**REA-metoden**" till och därmed slå börsproffsen
och index.

Marknadens oförmåga att se klart ibland och att marknadens aktörer
inte hela tiden kan ha kontroll över allt som händer på marknaden gör
att du kan hitta aktier som har ett alldeles för lågt pris i förhållande till
bolagets eget värde som vinstdrivande företag.
Här är det viktigt att du kommer ihåg att en aktie har ett pris och inte
ett värde medan bolaget har ett värde som kan räknas ut. Det är nästan
omöjligt att räkna ut ett exakt värde men man kan räkna ut ett
tillräckligt bra värde som man kan se som att där ungefär är bolagets
värde för tillfället. Det ändras succesivt beroende på bolagets
utveckling och marknaden som bolaget verkar på.

Aktiens pris är exakt vid varje tillfälle men varierar över tiden och kan också variera under mycket kort tid, till skillnad från bolagets värde som normalt är stabilare på kort sikt.

Det som sker hela tiden är att aktiemarknadens aktörer har väldigt svårt att hålla kollen på alla aktiebolagen och dess utvecklingar hela tiden. Därför blir vissa bolag under vissa tider mer undersökta, analyserade och diskuterade.

Vissa bolag blir väldigt populära av olika anledningar och då blir det ännu mer information och diskussioner kring just de bolagen.

De andra bolagen som just nu inte är lika populära bland aktieinvesterare och spekulanter och därmed inte lika mycket analyserade eller diskuterade blir därför lite bortglömda. Bland de bortglömda bolagen finns det ofta bolag som det går bra för och som tuffar på i sina egna takter utan att marknaden lägger märke till det bolagen och dess aktier. De bolagen får ofta ett lägre pris än de borde rimligen ha och jämfört med de mer uppmärksammade bolagen kan man säga att det "flyger under radarn".

Om du lyckas hitta några av de bolagen som är relativt billiga jämfört med de andra bolagen på aktiemarknaden och som dessutom är relativt bra bolag. Då säger statistiken att de bolagen kommer upptäckas efter ett tag av aktiemarknaden som då börjar analysera och diskutera de bolagen som därmed blir lite populärare.

När just de bolagen blir populärare börjar marknaden köpa de bolagens aktier som då börjar stiga i pris. Har du då investerat tidigare i de bolagen börjar din investering ge dig vinst på dit aktiekonto.

Aktier som det är rea på ger dig större avkastning på dina investerade pengar för du vet ju att priset du betalar har stor påverkan på din vinst.

Det som är finurligt med "REA-metoden" är att du inte behöver blanda in dina egna känslomässiga tankar utan metoden är i det närmaste helt objektiv. Det kan sägas att du med "REA-metoden" som är en metod för långsiktig investering vilken gör att du går emot marknadens trend lite. Att inte göra som alla andra kan upplevas lite otryggt men om du förstår metoden och det briljanta med värdeinvestering kommer metoden hjälpa dig att skapa förmögenhet på längre sikt.

Om du tror på "REA-metoden" och följer den så kan du känna trygghet i en metod som du kan lita på till 99 procent. Det finns alltid en viss osäkerhet när man köper aktier.

Du måste helt enkelt acceptera att det inte finns någon strategi eller metod som är hundraprocentigt säker.

Men med värdeinvestering som din strategi har du bra säkerhet och med "REA-metoden" som fullständigt stöder din strategi har du så hög säkerhetsmarginal som du kan ha.

Dagskursen sätts av marknaden ofta utan synbara motiv, vilket gör ofta att aktier i det korta perspektivet ofta har fel pris åt båda hållen. Ju större skillnaden är mellan bolagets ungefärliga värde per aktie och det pris du betalar för dess aktie, desto större är din säkerhetsmarginal, om priset är extra lågt.

Det här är väl en ganska enkel matematik och verkar väl mycket logiskt?

"REA-metoden" ger dig en möjlighet att hitta de aktier som för tillfället säljs till REA-pris. Principen är mycket enkel. Vi letar inte efter de billigaste eller bästa bolagen, utan det vi söker är bolag som samtidigt är både relativt bra och relativt billiga.

Med bra bolag från "Large Cap-listan", med de större bolagen, till ett relativt lågt pris får du en ännu större säkerhetsmarginal.

Bolag som i grunden är bättre än genomsnittet och samtidigt kostar mindre än de borde, är av någon anledning inte särskilt eftertraktade på aktiemarknaden.

Marknaden intresserar sig mer för de bolag som stiger i pris och är omtalade.

Förmodligen beror det på att marknaden inte samtidigt kan hålla reda på alla bolag på aktiemarknaden som jag beskrev tidigare men också på grund av att många inte tänker själva utan lyssnar på andra och tror att alla andra vet bättre än en själv och därför följer man hellre flocken än letar efter russinen i kakan. Vissa bolag glöms därför bort och blir varken omskrivna eller analyserade i press eller på forum och bloggar. Det är just därför de är relativt billiga.

Rea-metoden är en komparativ metod vilket betyder att metoden inte räknar på bolagets siffror utan jämför siffror och nyckeltal genom en sortering som du kan göra för hand men går snabbare om du kan använda ett kalkylbladsprogram som till exempel Excel.

När du lärt dig använda REA-metoden så tar en analys av hela Large Cap listan bara en timme.

Du får en analys som gör att du kan köpa aktier till ett relativt lågt pris.

Du får ganska hög säkerhetsmarginal.

Du har ett system för när du ska köpa och när du ska sälja.

Återinvesterar du allt i nya bolag så blir resultatet över tiden mycket bättre än index.

Det här är REA-metoden

Billiga bolag

Med vissa undantag, som investmentbolag, fastighetsbolag och banker, kan du reda ut om en aktie är någorlunda billig i förhållande till bolaget vinst genom att använda P/E-talet.

När jag använder REA-metoden föredrar jag att använda det inverterade P/E-talet som då blir E/P-talet.

E/P-talet får du fram genom att dela vinsten per aktie i senaste bokslutet med priset per aktie. Multiplicera sedan med 100 så får du E/P-talet i procent.

Fördelen med att använda E/P-talet är att ett högt E/P-tal betyder att aktien är relativt prisvärd, vilket känns psykologiskt rätt när de andra nyckeltalen du använder också är bättre ju högre de är. Om du använder P/E-talet får du tänka tvärt om att, att ett lågt P/E-tal är köpvärt.

Bra bolag

Vilka bolag som är bra bolag går att få fram på många sätt – nästan alla är lika krångliga. För att underlätta och inte blanda in för många parametrar har jag valt nyckeltalet Eget kapital per aktie som är lätt att finna i listor över nyckeltal och gör det lätt att jämföra olika bolags ekonomiska kvalitet. Du kan även använda JEK/aktie, Soliditet/aktie, Totalt kapital/aktie eller om det är lättare Kapital/aktie.

Bolag som går bra har ofta relativt höga aktieutdelningar och jämfört med det pris du får betala för aktierna ger direktavkastningen information som du har nytta av.

Hög direktavkastning innebär att bolaget delar ut en del av sin vinst till aktieägarna i form av aktieutdelning vilken är relativt hög i förhållande till aktiekursen.

Bra bolag har alltså ofta en relativt hög direktavkastning, många gånger ökar direktavkastningen från år till år.

Hög direktavkastning är detsamma som en bra säkerhet eftersom du får utdelning från bolaget oavsett hur det går för aktiekursen. Återinvesterar du utdelningen uppstår dessutom ränta på ränta-effekten som ger dig mer vinst på längre sikt. Större bolag tillsammans med hög direktavkastning ger dig en större säkerhetsmarginal när du investerar långsiktigt.

De större och mest omsatta bolagen på svenska börsen hittar du på Nasdaq OMXS stora lista, eller Large Cap som den också kallas.

Det ger inte alltid resultat på kort sikt utan det kan ta lite tid och därför måste du ha tålamod att vänta ut resultatet. Det finns inga snabba vägar till rikedom utan stor tur, hög risk eller olagligheter. Dessa faktorer är inte det som gör dig till en riktig investerare.

I det långa loppet fungerar REA-metoden alldeles utmärkt.

När det är risk för en mycket stor nedgång på börsen på grund av att nästan alla aktier är för dyra så fungerar metoden men då kan du fundera över om du ska investera i något annat ett tag som till exempel ädelmetallgruvor.

När börsen åter fått lägre prisbild på aktierna så är REA-metoden mycket bra att använda igen.

Du behöver några siffror och nyckeltal att använda dig av enligt följande.

Utgå från Large Cap-listan och skriv av eller kopiera hela listan med:

- Bolagens namn.
- Aktiens pris.
- Senast redovisade årsvinsten.
- Eget kapital/aktie (eller Soliditet/aktie alternativt Kapital/aktie).
- Direktavkastningen.

Så här brukar jag göra REA-analyser

Jag kopierar hela listorna och sätter ihop dem på en sida i Excel-filen. Där städar och rensar jag listan så att den blir som jag vill ha den innan jag kopierar in kolumnerna i filens nästa sida där jag gör själva sorteringen enligt REA-metoden.

Följ beskrivningen så fungerar det bra.

Det finns några olika typer av aktier som är bra att hålla isär.

Det som kalas preferensaktier eller som ibland lite lättsinnigt kallas preffar är inte någon riktig aktie. Man kan likställa det med ett lån från de som köper den typ av investeringsprodukter till bolaget.

Det finns även det som brukar kallas **A och B aktier** som i själva verket även kan vara många fler olika bokstäver. Det som skiljer dessa aktier åt kan vara lite olika saker men det vi behöver ta hänsyn till när du analyserar med REA-metoden är att de aktier som oftast ger högre röstantal vid årsstämman är A-aktierna. A-aktierna har ibland lägre omsättning av aktierna på grund av att det oftast är huvudägarna som innehar större poster i de röststarkare aktieslagen.

Det vi är ute efter i vår analys är de aktieslag som har högre omsättning, vilket betyder att fler affärer med köp och sälj förekommer under en handelsdag för dessa aktier.

Nu finns det några undantag men huvudregeln är ta bort alla A-aktier och behåll B-aktierna om det finns flera aktieslag under samma bolagsnamn.

Du ska vid analysen bara ha med ett aktieslag för varje bolag. Så rensa bort preferensaktierna, ta sedan bort alla A-aktierna med några undantag.

Sedan brukar jag rensa bort alla bolag som redovisat negativ vinst, alltså har gått med förlust vid senaste årsskiftet vilket är redovisat i årsbokslutet och finns under kolumnen vinst/aktie i listan du kopierar från.

Bolag utan utdelning, (siffran 0 i direktavkastning), sorterar jag också bort. OBS ibland står ingen siffra och då är det samma som noll, 0.

E/P-talet får jag fram genom att dela (E) Vinst/aktie med (P) Aktiekursen

eller som man kan kalla det priset/aktie.

JEK/aktie kan ersättas med **Total Eget Kapital/aktie**, **Substans/aktie** eller om du inte hittar dessa med **Eget Kapital/aktie.**
Det är viktigt att vara konsekvent och använda ett av dessa hela tiden.

Efter rensningen av listan sorterar jag på det här sättet:
Alla bolag och kolumner sorteras efter E/P-talet så att högsta talet kommer högst upp och det bolaget får siffran 1, och nästa 2 osv, i kolumn **A**.
Sedan sorteras alla bolag och kolumner, även kolumn **A**, efter Substans/aktie, (eller Totalt Kapital/aktie alt. Kapital/aktie),

så att högsta talet kommer högst upp och det bolaget får siffran 1, och nästa 2 osv, i kolumn **B**.

Sedan summeras siffrorna i kolumn **A** med kolumn **B** i kolumnen **A+B**.

Sedan sorteras alla bolag och kolumner så att lägsta talet kommer högst upp i kolumn **A+B**.

Nu väljer du ut de 20 översta bolagen, men ta inte bort de bolag som ligger längre ned på listan.

Där efter sorteras alla bolag och kolumner i dessa tjugo bolagen efter Direktavkastningen så att de bolagen med högsta värdet kommer högst upp. OBS tag inte bort resterande bolag från listan ännu.

Behåll sedan bara de två översta bankerna, de två översta fastighetsbolagen och de två översta investmentbolagen. Resten av dessa bolagstyper tar du bort från hela listan.
Gör sedan om hela analysen med det reducerade antalet bolag. Börja sortera efter E/P-talet osv.

När du har gjort alla momenten en gång till, då har du de tjugo bolagen klara i din analys. De 10 översta bolagen är bolag att investera i om du inte gjort det redan.

De bolag som ligger högst upp på den här listan är sådana som både har bra värde i första sorteringen och bra värde i andra sorteringen.

Om du utfört detta arbete med siffror och olika värden på ett noggrant sätt så har du nu sorterat fram de bolag som är relativt bra bolag, men i förhållande till de andra på listan relativt lågt prissatta.

Du har alltså fått fram några bolag som är både relativt bra och relativt billiga och som även har en högre säkerhetsmarginal.

Bolag med hög säkerhetsmarginal kommer på lång sikt nästan säkert gå upp i pris. Vid en eventuell nedgång på marknaden går dessa bolag oftast inte ner lika mycket som mer riskfyllda placeringar.

De bolag som har nummer 11 till 20 på listan är aktier som du inte ska köpa. Om du äger dessa ska du förvalta dem.

Om du någorlunda regelbundet gör en ny analys minst fyra gånger under ett år kan du välja att sälja de bolag som du äger men som hamnat under de tjugo översta på listan.

Sortera därefter listan med aktier från nummer 1 till och med nummer 20 så att de med högst direktavkastning kommer högst upp av de 20 bolagen på rad 1 och bolaget med lägst direktavkastning kommer på rad 20

Av de tjugo bolag som ligger högst upp väljer du ut de tio med bäst direktavkastning genom att sortera enligt exemplet ovan, så att bolaget med högst direktavkastning kommer högst upp och så vidare. Då väljer du att köpa de bolaget med nummer 1 till och med nummer 10, om du inte redan äger någon av dessa aktier.

Äger du reda något eller några av dem så väljer du att bara förvalta dessa till du ser resultatet av nästa analys.

Du kan även välja färre bolag att investera i men tänk på att sprida riskerna på några olika branscher bland de tio översta på listan.

Du behöver givetvis inte köpa alla bolag vid samma tidpunkt, men det kan vara bra att ha investerat en tid innan utdelningen. Kom även ihåg bilden över Börsåret för att välja tidpunkt att köpa eller sälja aktier.

Jag vill varna dig för att när börsen är mycket högt prissatt innebär det att de bolag som REA-metoden sorterar fram är bra bolag som är relativt billigare än de andra på listan men kan vara för dyra att investera i just då.

Du får alltså fram bolag som är relativt bra och samtidigt relativt billiga med den här metoden. När du börjar sortera med hjälp av E/P-talet bedömer du hur priset på aktien är i förhållande till årsvinsten.

När du gör nästa sortering vill du inte ha med priset igen utan bara sortera utifrån företagets ekonomiska status per aktie. Då kan du använda till exempel Soliditet/aktie som jag beskrivit tidigare, eller något av de andra nyckeltalen om det är lättare för dig att se.

Det du får är att den ekonomiska situationen beskrivs utifrån hur många utestående aktier så att jämförelsen inte blir svårbedömd beroende på hur många aktier som är i omlopp på börsen.

Blandar man in priset på aktien vid sorteringen med substans/aktie som man gör i första sorteringen med E/P-talet blir det inte bra för då vet du bara hur ekonomin är i förhållande till priset på aktien.

Jag brukar använda en gräns för om det inte händer något inom två år så tar jag bort den aktien och köper någon aktie som kan gå fortare upp. Om kursen gått ned utan anledning vid något av de analystillfällena bör du vänta.

Men om det hänt något med bolaget eller marknaden som inte går över snart utan verkar vara något negativt under längre tid, då bör du sälja.

Har aktien hamnat på plats 21 innan april och det inte hänt något som påverkar bolaget eller marknaden negativt då bör du vänta med att sälja till april.

REA-metoden manuellt

Jag vill nu lära dig att göra REA-metoden manuellt på ett så enkelt sätt som möjligt.

Du kan utgå från vilken lista som du vill men om du använder en dator blir det lite enklare att utföra för dig då du kan låta listorna sorteras direkt i datorn.

Vi går in via datorn på Dagens Industris hemsida, www.di.se.

Vi går till rubriken "Börs". Där väljer du "Large Cap" för de större bolagen och sedan väljer du visningsalternativet "NYCKELTAL".

Vi börjar sedan med att låta sidan sortera alla bolagens aktier automatiskt genom att gå till P/E-talen och klicka på texten "P/E-TAL" då får du en liten triangel vid sidan om texten. Klicka på den tills triangelns spets pekar uppåt vid rubriken.

Då kommer de lägsta P/E-talen högst upp i listan. Scrolla sedan nedåt tills du kommer till det lägsta P/E-talet med det lägsta positiva talet som är närmast högre än siffran "0".

Nu börjar vi notera namnet på aktierna ända till du kommer till när P/E-talet för aktierna kommit upp till talet P/E=17, då avbryter du det arbetet.

När du skriver upp bolagens namn väljer du bort preferensaktier som jag skrivit tidigare. Du ska också välja endast ett av aktieslagen om det finns flera att välja på.

I huvudsak ska du välja bort de som inte har så hög omsättning av aktierna. Normalt behåller du **B-aktierna**.

Sedan går du högst upp på listan och väljer "**EGET KAP / AKTIE**". Klicka på rubriken tills du får fram en liten triangel med spetsen pekande nedåt invid texten. Då har du sorterat bolagen så att värdet som är högst upp är det högsta värdet.

Nu ska du gå igenom listan och notera bolagen som uppifrån och nedåt stämmer överens med de bolagen som du har skrivit upp från sorteringen med P/E-talen. Välj i turordning men välj endast en bank, ett fastighetsbolag och två investmentbolag. När du har noterat 20 st. bolag slutar du men om bolagen tar slut innan du kommit upp till tjugo stycken avbryter du när de tar slut.

Nu går du högst upp i listan igen och sorterar fram de högsta värdena på "**DIREKTAVKASTNING**" genom att klicka på texten så att du får en triangel med spetsen pekande nedåt.

Nu ska du börja högst upp och se om de bolag du valt ut på listan finns med bland de bolagen med hög direktavkastning. Skriv siffran 1 på din lista med bolaget med högsta direktavkastningen bland de 20 bolagen. Fortsätt sedan med nästa bolag som stämmer över ens med siffran 2 och nästa med siffran 3 och så vidare till du kommer till siffran 10.

De bolagen 1 till 10 kan du köpa med gott samvete och sedan vänta till när aktiepriset börjar stiga. De återstående bolagen med nummer 11 till 20 ska du behålla om du redan äger dem men inte köpa de om du inte äger dem redan.

De bolagen som inte kom med bland de 20 bolagen på listan men som du äger aktier i ska du sälja och återinvestera valutan i nya aktier som det är REA-pris på.

Hoppas du tycker dessa två typer av analyser är trevliga och lätta att genomföra. Du har hela tiden ett bra system som bygger på logiska frågeställningar och en viktig faktor är att hålla nere riskerna. Det kan dessutom var lite roligt att leta efter svaren och att vara lite av en detektiv på jakt efter en upplösning av fallet med de bra investeringsobjekten som gömmer sig där ute på marknaden.

En viktig lärdom som jag hoppas du kan se är att en av börsens hemligheter är att det inte behöver vara svårt och krävande att göra analyser av den här typen. Dessutom lär du dig massor av saker när du samtidigt blir bättre och bättre på att utföra den här typen av analyser. De här metoderna har värdeinvesteringen som huvudstrategi. En analys av hela Large Cap-listan tar bara en timme när du har tränat lite. Bra är att veta att bästa resultatet har jag fått när jag testat andra listor och hela OMXS-listan av att använda bara Large Cap-listan. Under en längre period med både uppåtgående trend på börsen och stor nedgång har REA-metoden gett ett fantastiskt fint resultat och slagit index.

Om du räknar vinst från kursuppgång för aktierna har REA-metoden gett mer än dubbla resultatet för det index som kallas OMXS PI per år i snitt. Lägger man till alla aktieutdelningar som återinvesteras har resultatet blivit ca tre gånger **OMXS PI** per år i snitt. Det är ett resultat som också slår börsproffsen.

Nu kan du också slå börsproffsen.

10   Att analysera ädelmetallgruvor

Du har nu fått lära dig att analysera en hel lista av bolag och då vaska fram ett gäng med **"guldklimpar"** som är relativt bra investeringar och därmed det som du kan ha som basen i din portfölj.
Vi ska nu titta på hur du utvärderar om ett bolag som utvinner guld eller silver kan blir ett bra investeringsobjekt.

Metoden fungerar i princip för många andra gruvbolag också men är i det här fallet anpassat till just ädelmetallgruvebolagen.

Vi ska senare också titta på en annan metod att utvärdera ett bolag där den främsta anledningen är att göra en väldigt bra investering i ett bolag som har tillfälligt fått ett alldeles för lågt pris i förhållande till det inneboende värdet för bolaget.

"Investera bara i det du känner till" är ett uttalande som har citerats många gånger. Warren Buffet har sagt så och det är en av börsens hemligheter att det misstolkas väldigt ofta.
Han menade inte att du bara ska investera i det du redan känner till vilket många tolkar det som.

Det är inte fel att investera i det man känner till men du kan ta reda på och lära dig nya saker och då känner du till just det, och kan då också investera i den typen av bolag. Att lära sig nya saker är både utvecklande och kan ge stora inkomster.

I vissa delar av världen som till exempel i de nordiska länderna i norra Europa har traditionen att säkra sin förmögenhet genom att köpa ädelmetallerna guld och silver blivit bortglömt och därmed har kunskapen om det som är riktiga pengar försvunnit och vi har inte lärt våra barn att spara i ädelmetall som en försäkring mot sämre tider.

I och med det har även kunskapen att investera i gruvor och exploatörer som har med ädelmetallerna att göra glömts bort.

Det är statistiskt uträknat att man bör ha minst 20 % av sin förmögenhet i guld och silver för att få den trygghet som behövs när det blir sämre tider.

Jag ska därför gå in på hur du kan göra analys av ett guldgruvebolag eller silvergruvebolag då du gör på samma sätt när det gäller aktiebolag för båda metallernas gruvor.

Det är mycket som förändras hela tiden men ändå återupprepar sig historien hela tiden fast det är lite annorlunda varje gång men själva arvsmassan i händelserna finns ändå kvar. En sak som inte ändrats nämnvärt är guld men däremot har industrianvändningen för silver påverkat metallens användningsområden men det är fortfarande samma metall och båda är ädelmetaller.

Ädelmetallerna kallas att de är ädla på grund av de egenskaper som gör dem unika, som att de inte angrips eller oxiderar av syre, vatten eller ånga och har en hållbarhet och lyster som är mycket sällsynt hos andra material eller metaller.

De mest använda ädelmetallerna är guld, silver, platina och palladium. Guld har ansetts vara värdefullt material och riktiga pengar i nästan sex tusen år och anses fortfarande vara världens viktigaste ädelmetall såväl inom smyckesindustrin, som investering och som värdebevarande försäkring mot minskad köpkraft.

Guld anses också vara en värdefull industriell råvara men priset begränsar användningen till när det är extra viktigt eller då priset har mindre betydelser än att få rätt egenskaper. Inom flyg- och rymd-industrin används ädelmetallen till exempel som smörjmedel, då olja och fett avdunstar i rymden, då är funktionen viktigare än det pris metallen har.

Guld är ett relativt sällsynt grundämne och att hitta guld i naturen är hårt arbete, så idag återvinns en del genom omsmältning och återanvändning när det är möjligt. Guldets renhet anges i karat och helt rent guld, även kallat finguld, motsvarar 24 karat. 24 karats guld är dock för mjukt för att använda till smycken, så guld är legeras med andra metaller som silver och koppar, vilket gör guldlegeringen hårdare och mer lämplig för smyckestillverkning och dessutom billigare att sälja.

Andelen rent guld per smycke mäts i promille. Vid smyckestillverkning används vanligtvis 18 karat (750‰ guld) och 14 karat (585‰), men även 22 karat och 8 karat kan förekomma.

Silver som också är riktiga pengar har liksom guld ansetts vara värdefullt i över fem tusen år och har länge använts till smycken, mynt, speglar, bruksföremål och andra prydnadsföremål och det äldsta arkeologiska fyndet av silver går tillbaka till ungefär år 3500 f.Kr i Kaukasusregionen.

Silver är en tung och ädel metall med många användbara egenskaper. Den är mjuk, formbar, kemiskt resistent och är väldigt bra på att reflektera ljus.

De är mest kända för sin användning som smycken, mynt och i form av tackor men både guld och silver är bra ledare av elektricitet och värme.

Silver används även till bestick, i industriella ändamål och kan ses i många apparater med kablar och batterier och mycket annat. Silver har även antiseptiska och bakteriedödande egenskaper och ingår till exempel vid sårbehandling på sjukhus.

Det renaste silvret som är 99,99% fritt från andra metaller eller föroreningar kallas 999 eller även finsilver och är liksom guld lite för mjukt för att användas till smycken. Sterlingsilver eller 925 silver består därför av 92,5 % (dvs. 925‰) rent silver och 7,5 % koppar. Namnet "sterling" kommer från en engelsk penny som bar namnet sterling och som hade silver i legeringens kvalitet 925/1000. Silver kan legeras med andra metaller som bly, zink, nickel, tenn, platina och även guld men ytterligare några andra metaller också.

Båda har använts som betalningsmedel men silver har oftare varit det betalningsmedel som varit vanligt att folket använt medan guld har varit de styrandes pengar. Kejsare, tsarer, kungar och allt vad de kallat sig har förstått värdet hos guld som betalningsmedel mellan kungariken och länder.

Guld har ju den unika egenskap som gör att metallen inte korroderar, rostar eller sönderfaller och därmed kan den bevaras hur länge som helst.

Det är svårare att hitta guld i marken än silver och det har oftast gjort att guld har värderats högre än silver.

Normalt kan man säga att värdeskillnaden har legat mellan 1:9 – 1:20, som anger hur många gånger dyrare guld har varit jämfört med silver.

111

Ibland är skillnaden mycket större och då är silver mer attraktivt att köpa medan om de närmar sig under 1:35 - 1:40 blir guld mer attraktivt.

Nu produceras ungefär 7 – 8 gånger mer silver än guld vilket skulle ge motsvarande skillnad i priset på metallerna 1:7 – 1:8 i det som kallas guld/silver-ratiot som då borde vara 7 till 8. Man uttrycker det till exempel att guld/silver-ratio är 8. Du kan räkna ut hur skillnaden är just nu genom att dela guldpriset med silverpriset. Är det då högre än 40 är det bra att köpa mer silver än guld och är det under 35 är det bättre att köpa mer av guldet.

Men mer än 50% av allt silver som gruvbolagen bryter fram används inom industrin och en stor del av det är inte möjligt att återanvända utan det försvinner helt från metallmarknaden. Båda ädelmetallerna verkar ha en immunitet mot nästan alla finansiella kriser och har varit betalningsmedel och riktiga pengar i nästan 6 tusen år.

Dessutom är bådas marknader mycket små jämfört med de andra finansiella marknaderna som aktie och fondmarknaderna, obligationsmarknaden och valutamarknaden. Vilket gör att om endast en liten del av det kapitalet flyttar över till ädelmetallmarknaden ökar efterfrågan enormt på ädelmetallerna.

Guldmängden kan bara öka trots att den totala produktionen har minskat något på senare år. Efter som guld inte förstörs eller förbrukas ökar mängden guld i världen lite hela tiden med i runda tal 1% ökning. Det innebär en inflation av guld med 1% per år men det mesta av guldet cirkulerar inte i handeln och därför är den försumbar. Däremot är det vi kallar priset på metallerna egentligen en växelkurs mot de andra valutorna, vilket gör att när valutorna inflateras mer än tillgången på guld och silver ökar, då ökar värdet på metallerna i förhållande till andra valutor vilket på sikt avspeglar sig i det vi kallar metallpriset. Trots att det egentligen är valutorna som förlorar köpkraft jämfört med ädelmetallerna.

Det vanligaste sättet att ange vikten på ädelmetallerna är att man anger hur många troy ounce det väger. Det brukar förkortas 1 troy oz eller ibland skriver man bara ounce eller oz.

1 troy oz är lika med 31,1033 gram normalt säger man 31,1 g.

112

Det kommer från det romerska rikets pound som var 373,24 gram och en 12 dels pound kallades 1 ounce som är ca 31,1 g. Staden Troya hedrades i sin tur genom att bli en del i viktklassen för ädelmetallerna.

1 silver dollar väger 1troy oz, alltså 31,1 g. och priset (växlingskursen) anges normalt i amerikanska dollar, USD.

Trots att det idag finns länder där man har en tradition att äga guld och silver som en försäkring mot värdeförluster har vi en värld som har väldigt lite ädelmetall eller ädelmetallrelaterade investeringar i portföljerna.

Ungefär 1% av investeringarna är i någon form relaterade till ädelmetallerna när det här skrivs 2024. Om man ser det historiskt under 40 år tillbaka blir siffran i medeltal hela 3,5%. Det innebär att ädelmetallerna historiskt är väldigt underägt just nu och det bör resultera i att det återgår på sikt till det som är statistiskt mer normalt med högre andel av portföljerna i ädelmetall, ädelmetallgruvor eller andra investeringar på något sätt relaterade till ädelmetallerna.

Den 20 september 2022 hade *The Wall Street Journal* rubriken i tidningen *"Gold Loses Status as Haven"* som på svenska blir översatt till *"Guld förlorar statusen som trygg placering"*.
Sedan dess har guldet stigit med ungefär 49%.

Guld som är riktiga pengar har bevarat sin köpkraft i över fem tusen år och har under den tiden också återkommande varit den tryggaste placeringen vid oroliga tider och när styrande personer eller partier inflaterat valutan så att priserna stigit.

En nedgång i kostnaden för att köpa guld eller silver när vi har sämre tider på gång är inte ett bakslag - det är din chans att göra kloka beslut till REA-priser. Men gruvbolagens aktier blir också oftast billigare när metallerna får lägre växlingskurs mot valutorna.

Klokt hade väl varit då att investera i de större gruvbolagen om man är en värdeinvesterare. Det är säkrare och stabilare men det som vid en större uppgång i metallpriset får en större ökning är det bolag som vi kallar junior-bolag eller juniorgruvor. Det är de mindre gruvbolagen och de som är mer i uppstartsfasen just nu.

113

Vid stigande metallpriser ökar dessa bolag med en hävstångseffekt som beror på att när metallens pris eller växlingskurs stiger så ökar inte gruvbolagets omkostnader motsvarande utan det blir rena intäkter till bolagen.

Det gör att om ett bra juniorbolag använder den intäkten klokt, skapar det mervärde för aktieägarna till gruvbolaget. Det gör i sin tur att aktiekursen efter hand, normalt ökar med mellan 4 och 8 gånger den prisökning som skett för metallen.

Det här är en av den här branschens hemligheter som de vilka inte vet detta missar. Glöm dock inte att vid nedgång sker det också en större nedgång i priset på aktierna på motsvarande sätt. Det bidrar till en högre volatilitet som det kallas när börskurserna går upp och ned med större svängningar och uppfattas som mer riskfyllt.

Har du förståelse för det och har tålamod och inte låter dina egna psykologiska feltänk ta över beslutsfattandet så har du större möjligheter att bli en vinnare.

När marknaden är orolig och känner sig osäker på vart priset ska ta vägen avvaktar marknadens aktörer med att köpa vilket kan vara under en längre tid. Då är det viktigt att du känner dig trygg med att det är en bra investering att vänta tills när marknaden känner sig säkrare på att metallpriset ska gå upp.

Du ska som värdeinvesterare givetvis köpa när priset är lågt och det gäller även när du ska investera i ädelmetallgruvornas aktier. Att veta vad som händer och att lära sig om den marknaden är viktigt för att kunna köpa vid rätt tidpunkt.

Som vi nämnde tidigare är detta med mängden investeringar i ädelmetallrelaterade saker viktigt och **gold/silver-ratiot** som vi kan översätta till guld/silver-kvoten också viktiga faktorer.

Men förhållandet till hur världsekonomin och ditt lands ekonomi förhåller sig till det som är riktiga pengar som guld och silver är det viktigaste för att veta om vi är på väg in i blomstrande högkonjunktur då ädelmetall som skydd har mindre betydelse än när vi är på väg in i en lågkonjunktur då det har större betydelse att skydda värdet på det du har. Har vi inflaterat valutan så att priserna ökar eller är en depression på väg ska du vara beredd att skydda dig.

Den stora massan av aktörer på marknaden köper inte förrän de ser att en större uppgång har pågått ett tag då de känner sig trygga med att det är en bra investering att köpa aktier i ädelmetallgruvor, som exempel, men då bör du redan ha gjort det innan aktiepriserna börjar stiga. För du har ju nu den kunskap som kan behövas för att förstå att det var tidigare du skulle ha gjort dina val av investering.

Den stora massan på börsen behöver trygghet och det får den genom att göra som alla andra gör, vilket ofta leder till att den stora massan inte är i fas med verkligheten och det är det som du kan dra nytta av för att med kunskap göra bättre investeringar.

Marknadens aktörer kan i vissa fall också bli rädda när börsen som helhet drabbas av rädsla för att aktierna ska gå ned i vanliga bolag så förstår inta marknaden skillnaden mellan gruvbolagens aktier och aktier i andra bolag. Då kan de sälja av aktier i gruvbolagen också. Ett annat fall är när metallpriset i vissa situationer går ned kraftigt. Då vet den som har kunskapen om hur världsekonomin mår att nu är det kanske REA på ädelmetallerna och där med bra att köpa aktier i gruvbolagen.

Men då reagera marknaden också på ett ofördelaktigt sätt och säljer aktierna på grund av den oro som det skapar hos marknadens aktörer. Då blir det även REA på aktier i ädelmetallgruvorna som du kan dra nytta av.

Men glöm inte bort att när vi är på väg in i en högkonjunktur går metallpriserna oftast ned och du då får en hävstångseffekt nedåt så då går aktiernas pris ned mer i procent än det som metallpriset har gått ned i procent.

Som du nu säkert förstår så är det inte marknadens aktörer du ska förlita dig på utan det är dina egna kunskaper om hur marknaden mår och hur världsekonomin mår för att du ska kunna göra kloka egna beslut.

Det gäller också när du ska gå ur en investering, då marknadens aktörer till allt för stor del ligger kvar i en tro på att en uppgång ska fortsätta i evighet eller nästan i en evighet vet du som håller koll på både världsekonomin och historien att det gör uppgångar eller bubblor.

För investeringar i ädelmetallgruvors aktier gäller det på samma sätt som i andra aktier att när det som gällde när du köpte aktierna inte längre gäller, det är då det är dags att sälja eller att börja sälja av delar av investeringen.

Om det sker en förändring som gör att du säljer av allt ska du givetvis återinvestera det i andra investeringar som är billiga. Om det är en bubbla som växt fram kan det bästa vara att sälja av 1/3 av dina investeringar eller hälften och låta det andra ligga kvar en stund till. Sedan säljer du av häften av det du har kvar och ytterligare senare häften som då är kvar i din ägo.

På det viset säkrar du hem vinsten men låter en del ligga kvar för att dra nytta av att det mot slutet av en bubblas livslängd oftast stiger väldigt mycket.

Du spelar då lite med den del som ligger kvar men succesivt säkrar hem din vinst som historiskt och enligt statistik bör ge dig större vinst. Den som är girig och ligger kvar med hela investeringen riskerar mycket och därmed kan den personen förlora väldigt mycket.

Gruvor har en livscykel som oftast uppvisar samma mönster, men utveckling av en gruva och om bolaget hittar eller köper fler gruvor så har ett bolag en lång livslängd medan en gruva alltid har en början och ett slut.

Längden för driften av en gruva kan variera mycket beroende på mängden metall i marken och hur lätt eller svårt det är att få fram metallen. Vid tidpunkter när metallpriset varit lågt och kostnaden för att få fram metallen varit högre blir det olönsamt att bryta metallen i de gruvor som har dyrare produktionskostnader.

Den första delen i en gruvas livscykel kallas Utvecklingsstadiet, Där finns Prospekteringen, Explorationen, Upptäckten, Analys av genomförbarhet samt förberedelsearbete och utveckling innan gruvdriften kan påbörjas.

Livscykel för guldgruvor och silvergruvor

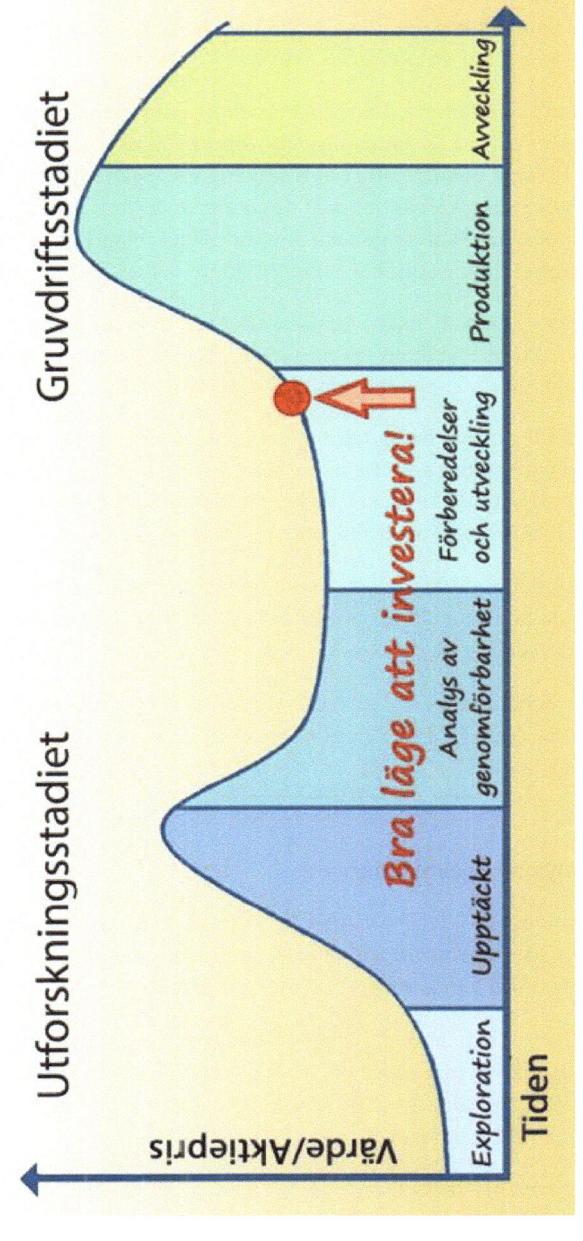

Det finns oftast två tillfällen då de största prisökningarna sker för akterna i dessa gruvbolag. Den första är då nyheten kommer ut att man har hittat en potentiell gruva.

Sedan kommer en tid då mycket arbete görs men det kommer få nyheter och då är det vanligt att priset på aktien går ned mycket men om bolaget berättar ofta om framgångar i arbetet med utveckling och provborrning kan aktiepriset ligga mer stabilt.
Den perioden kan ta ganska lång tid vilket ibland gör att det är bättre att äga ett bolag som har kommit längre och är i början av nästa stadie.

Nästa stadie kallas Gruvdriftsstadiet och det innefattar uppstarten och Produktion. Det är en fas som vi vill ska vara mycket lång och att bolaget har hög produktion till en låg kostnad.

Men till slut har bolag tagit upp de mesta av metallen som finns och halten av metall i malmen blir lägre. Är då metallpriset högt kan det löna sig att inte avveckla ännu men går metallpriset ned så blir det till slut inte lönsamt att driva gruvan vidare.

Då börjar avvecklingsfasen som mest innebär kostnader för bolaget och då bör bolaget ha investerat i andra gruvor så att bolaget överlever en avveckling av gruvan.

Hur vet man då vilka gruvor som är bra att köpa aktier i undrar du kanske. Det är då du bör göra en analys innan du investerar i ett bolags aktier.

Analys av ädelmetallgruvor

Att investera i det du känner till är en utvecklingsfas, när jag gör en analys av ädelmetallgruvebolag då innebär det att lära sig en del om bolaget och kan jämföras lite med ett detektivarbete.

Jag har en lista, innehållande 16st. frågor, som jag vill ha svar på för att kunna känna mig säker på om jag ska köpa aktier i bolaget eller vänta till ett bättre tillfälle. Eller kanske det är bättre att helt avstå från att köpa just det bolaget.

Frågorna besvaras men "Nej", "Nästan" eller "Ja".

Analys av ädelmetallgruvor

Bolagets namn:	Nej!	Nästan!	Ja
1	Bolagets ledning är kunnig och bra!			
2	Bolagets ledning äger aktier i bolaget!			
3	De tjänar pengar på verksamheten!			
4	Bolaget har låga skulder / inga skulder är bäst!			
5	Bolage tar socialt ansvar!			
6	Alla nödvändiga tillstånd / avtal finns!			
7	De är i ett geopolitiskt lugnt område!			
8	De är i ett geologiskt lugnt område!			
9	Bolaget är verksam i flera världsdelar!			
10	Metallhalten är hög / ton malm! (gram/ton eller ounce/ton)			
11	Reserverna i marken är höga! (Kända mätbara är bäst, Bedömda är bra)			
12	Beräknad livslängd är hög!			
13	Priset /aktie är lågt!			
14	Genomförbarhetsstudie är gjord! (Feasibility Study) Gäller nya gruvor			
15	Verksamheten har lågt AISC? (All In SustainingCost) Totala kostnaden			
16	Få känner till detta bolag!			
		Nej!	Seriare!	Ja!
	Jag ska köpa aktien!			

Inköpspris: Antal:

119

Den första och viktigaste frågan är om bolagets högsta ledning är bra för bolaget. Har ledningen rätt kompetens, har man erfarenheter som är bra och gedigna, med tidigare bevisade goda resultat eller har ledningen dåligt rykte eller varit med om konkurser eller bedrägerier.

Verkar ledningen inte motsvara förväntningarna, då fortsätter jag inte att utvärdera bolaget. Högsta ledningen betyder väldigt mycket för om det blir ett bra resultat för aktieägarna. En bra ledning ser dessutom till att andra poster i bolaget tillsätts av kunniga och bra personer.

1 - Fråga nummer ett är om bolagets ledning är kunnig och bra?

Jag har tre svarsalternativ. Det är "Nej" för att bolagets ledning inte har de kunskaper som behövs eller har tidigare gjort sämre ifrån sig. Svaret "Nästan" innebär att informationen inte är tillräckligt för ett Ja eller Nej. Det kan också betyda att ledningen inte varit så bra tidigare men inte så dåligt att svaret ska vara ett Nej. Och svaret "Ja" innebär då att bolagets ledning får godkänt på den första frågan.

2 - Fråga nummer två är om bolagets ledning äger aktier i bolaget.
Större aktieinnehav är bättre än ett litet symboliskt innehav.

3 - Fråga nummer tre är viktigt för att veta om bolaget är i drift eller om det ännu inte kommit i drift. Frågan är om de tjänar pengar på verksamheten.

4 - Fjärde frågan år om bolaget har låga skulder, bäst är om de inte har några skulder. Royaltyavtal drar också ner den slutliga årsvinsten.

5 - Femte frågan är om bolaget tar socialt ansvar.
De flesta av de här frågorna hittar du på bolagets hemsida och i årsbokslutsrapporter. Som jag sa tidigare så får man vara lite av en detektiv för att leta. Dessutom kan man Googla på information om ledningen och om bolagets sociala ansvar. Ibland finner man inte positiva nyheter men dåliga nyheter brukar finnas i forum, i pressen eller går att hitta på nätet.

Tänk på att söka på engelska och även andra språk som franska, spanska och mexikanska kan ge dig mer information om du behärskar någon av de språken.

6 - Den sjätte frågan är om alla nödvändiga tillstånd och avtal finns med landets myndigheter och eventuella markägare. Finns det klara avtal är bolaget noga med att berätta det.

7 - Den sjunde frågan rör om gruvan befinner sig i ett geopolitiskt lugnt område. Finns risk för revolution eller krig? Befinner sig landet i ekonomiska djupare svårigheter, korruption eller diktatur. Sök efter Korruptionsindex och Demokratiindex via Google eller andra sökmotorer.

8 - Den åttonde fråga gäller om gruvan finns i ett geologiskt lugnt område.
Då är jordskred, jordbävningar, tsunamivågor och översvämningar de risker du bör bedöma. Sök efter jordbävningar.se, Plattektonik och globalis.se/vaerdskartor.

Att minska riskerna för ett bolag sker genom att ha flera gruvor i olika världsdelar och i olika länder. Är bolaget exponerad endast mot en del av världen där det kan vara oroligare politiskt eller geologiskt ökar givetvis risken.

9 - Därför är den nionde frågan intressant om bolaget har verksamhet i flera världsdelar.

10 – 12 - Frågorna tio till tolv rör hur hög halten av metall är i malmen, hur stora reserverna är i marken och hur lång en beräknad livslängd är baserat på det som man bevisat och bedömt troligt eller mätt och indikerat vid tester.

13 - Trettonde fråga är om priset per aktie är lågt.
Det blir mer komplicerat om bolaget inte är i drift men då kan du se om du kan hitta information som kan ge en bild av framtida vinst.

Hur mycket bolaget kan producera per år, produktionskostnad och metallpriset kan då användas för att göra en bedömning av ett framtida P/E-tal. Är bolaget i drift kan du med redovisad årsvinst få fram vinsten per aktie och nuvarande aktiepris ger aktuellt P/E-tal som bör vara så lågt som möjligt.

Helst lägre än 14 - 16 men om metallpriset var lägre föregående år då var också vinsten för bolaget lägre än det troligen blir i år och då kan ett P/E-tal upplevas högt. Då behöver du göra en bedömning av hur vinsten kommer bli i år för att bedöma om framtida P/E-talet visar på ett högt eller lågt pris.

14 - Fråga fjorton gäller om bolaget genomfört en "Feasibillity Study" vilket är en genomförandestudie om gruvan kan bli lönsam och är värd att starta. Det gäller nya gruvor.

15 - Nästa fråga är om AISC är lågt. Det betyder "All In Sustaining Cost" vilket är den bedömda totala kostnaden för produktionen i en ny gruva och det faktiska värdet för en gruva i drift.

Det mäts normalt i USD per producerat ounce och bör jämföras med metallpriset i USD per ounce. Skillnaden bör vara så stor att bolaget tjänar på att producera metallen. Lägre **AISC** är bättre och du behöver jämföra några bolag för att lära dig mer om hur det ser ut.

16 - Den sextonde frågan är intressant. Är det ett bolag som är mycket välkänt på marknaden eller är det ett bolag som är nyare och inte ännu blivit så uppmärksammat.
Ett välkänt bolag har troligen ett högre pris än ett bolag som ännu inte nått ut till så många investerare.
Nu när du har svar på de sexton frågorna ovan kommer den sista frågan om du ska köpa bolagets aktie och du kan då välja att köpa eller inte köpa men du kan också välja att avvakta till bättre förhållanden finns och därför bevaka utvecklingen för bolaget. Tar det lång tid innan beräknad produktionsstart kan det vara bättre att vänta och i stället investera i ett bolag som är i produktion redan.
Använd ett frågeformulär som du kan spara svaren på i Excel eller bara på ett papper, du kan göra kopior på det här formuläret.

Skriv namnet på bolaget och hur många aktier du köper och till vilket pris. Det är bra att spara den informationen för att analysera ditt resultat och se om du gör analyserna på ett bra sätt.
Har du svaret **"Ja!"** på alla frågor då har du säkert hittat ett bra investeringsobjekt men för varje svar som är **"Nästan!"** eller **"Nej!"** ökar risken.

Första frågan är ju avgörande som jag skrev tidigare men om svaret är **"Ja!"** på första frågan bör du tills vidare tacka nej om fler än tre frågor har svaret **"Nej!"**, då kan kanske "Senare" vara ett bra alternativ.

11 Analys med Super-REA metoden

Nu ska jag berätta för dig om en metod som ger superbra resultat om du gör rätt och dessutom har mycket tålamod att vänta på resultatet. Jag har tidigare berättat om vikten att ha en bra strategi och den bästa strategin bevisligen är den som riktiga investerare använder. Det är värdeinvestering som är den strategin. Sedan har vi pratat om hur viktigt det är att ha både rätt kunskaper och bra metod som utgår från din strategi.

Vi har därför tittat på **REA-metoden** och gått igenom en **metod att analysera ädelmetallgruvor.**

Super-REA metodens kärna ligger i att du med hög säkerhetsmarginal köper ett excellent bolags aktie till ett riktigt lågt pris och behåller de aktierna länge.

I det här kapitlet ska vi gå med i A-laget för riktiga investerare.

Just det här A-lagets ledare heter Benjamin Graham och det finns många spelare på planen som till exempel **Warren Buffett, Charlie Munger, Peter Lynch, Jack Bogle** och många fler kända investerare. Laguppställningen är inte helt bestämd det finns en plats kvar sparad till dig om du vill.

Det kommer att krävas lite mer arbete av dig för att du ska få vara med på planen men det är när du är med i laget de stora summorna kommer om du spelar bollen rätt. Men du måste acceptera att du får sitta en hel del på avbytarbänken och vänta på din tur att göra mål. Super-REA metoden är inget lagspel egentligen du kommer troligen känna dig mycket ensam då du måste förlita dig på dina kunskaper och inte göra som alla de andra på planen som vi kallar marknaden.

Kort kan jag beskriva det så att du letar efter ett riktigt bra bolag som kan leva länge och klara av både svårigheter och konkurrenter. När du hittat det bolaget ska du bara vilja köpa det bolaget till ett fantastiskt lågt pris då det är Super REA på just det bolagets aktier. Super REA kan vara för endast det bolaget men ibland kan det vara för den typen av bolag, den branschen eller på hela börsen. Men det är de bolag du har analyserat som du ska fokusera på då det är där de stora vinsterna oftast finns.

Det är då du gör ditt första mål genom att investera. Sedan får du snällt sitta och vänta igen. Här behöver du också stort tålamod att vänta och inte tänka att du gjort fel. När sedan priset på aktien stiger och det passerat bolagets ungefärliga värde om ca 10 år och då bör du ha minst en prisökning om 15% per år.

Då kan du sälja aktierna och återinvestera summan i ett annat Super bra Super REA-bolag till ett super-lågt pris. Tiden och ränta på ränta effekten gör sedan jobbet åt dig.

Lär dig göra Super-REA analyser

Jag ska nu gå igenom en lista med flera punkter i 14 steg som du behöver finna svaren på. Snabbast hittar du informationen som du kan hämta från ett faktablad som kommer från Morningstar. Du kan få listan direkt från Nasdaq eller från någon nätmäklare och i vissa fall från en bank. Jag använder Avanza för att hämta faktabladet för att jag använder den nätmäklaren och du kan också göra det även om du inte är kund hos nätmäklaren Avanza. Gå in på Avanzas hemsida, välj Spara & Investera och öppna Aktielistan.

Scrolla ned till du hittar det bolaget du vill analysera. När du hittat bolaget öppnar du den sidan som handlar om det bolaget När jag skriver det här finns det en knapp längre ned på sidan med en länk till Morningstars faktablad om just det bolaget som vi vill analysera. **Morningstars rapport är i PDF-format och har två sidor.**

Den första sidan heter **"Company Fact Sheet"** och innehåller faktainformation om företaget.

Den andra sidan heter **"Company Details"** och innehåller mer detaljerad information med nyckeltal, historik och framåtblickande analyser. Vi ska nu i början främst titta på den sista sidan. Då börjar vi vårt analysarbete med det första steget.

124

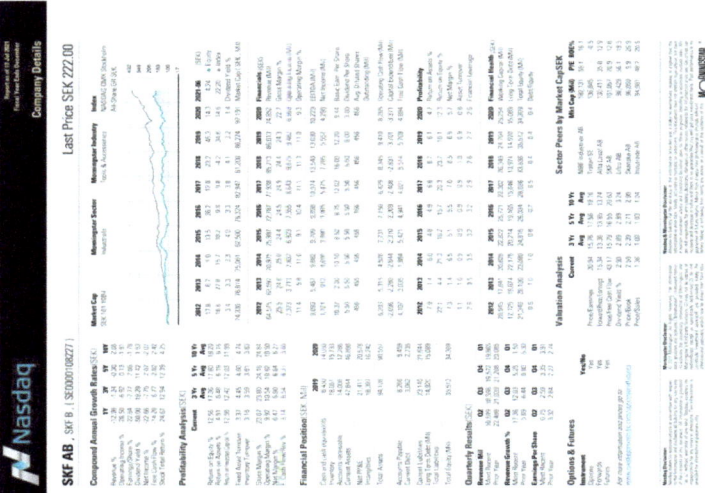

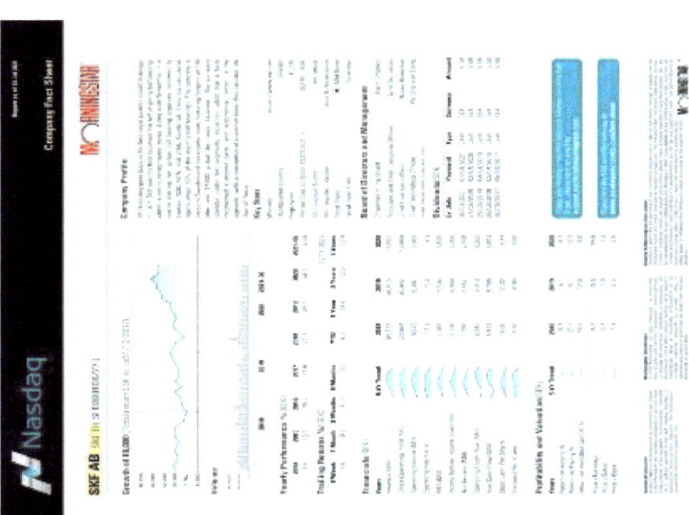

Du kan skriva upp alla fakta i analysen på ett vanligt papper, förslagsvis på ett rutat papper men du kan även använda ett Excelblad i din dator eller padda.

Vill du förbereda kan du använda dig av min mall som du ser på sidan intill här.

Skriv upp bolagets namn, aktien och datum när du gör analysen
Du börjar med att svara på 4 frågor som är viktiga och du kan senare få gå tillbaka och ändra eller komplettera svaren.

De fyra första frågorna är som följer. Svara ja, nej eller utred om du känner dig osäker på vad du ska svara.

1. **Förstår du hur bolagets verksamhet fungerar?**
2. **Förstår du vad som gör att bolaget tjänar på verksamheten?**
3. **Bolagets ledning är kunnig och bra för bolaget?**
4. **Har bolaget några kända marknadsfördelar?**

På följande fem frågor ska du ange ett svar på frågorna med ledning av Morningstars faktablad där du hittar värdena att notera.
De svaren kan man säga sätter siffror på några av de frågor du tidigare försökte svara på utifrån vad du tror eller vet.

5. **Ökar avkastningen på investerat kapital (ROIC) per aktie med mer eller lika med 10% under de senaste 10 åren? Return on Invested Capital i %.**

Om första siffran under **"Current"** är högre än 10 års medelvärde **"10Yr Avg"**, och om den siffran är högre än eller lika med 10 % är svaret på frågan **"Ja"**. Om inte så är svaret **"Nej"**.
Är svaret **"Ja"** då kan man dra slutsatsen att bolagets ledning är bra för bolaget.

SUPER REA – ANALYS AV AKTIER

	Nej	Utred	Ja
Bolagets namn:			
1 Förstår du bolagets verksamhet?			
2 Förstår du vad som gör att bolaget tjänar på verksamheten?			
3 Bolagets ledning är kunnig och bra för bolaget?			
4 Har bolaget marknadsfördelar?			
Bolagets ledning är kunnig och bra för bolaget i siffror			
5 Ökar Avk. på Invest. Kap. per aktie med 10% eller mer per år under 10 år			
Avkastning på Investerat kapital i % (ROIC, ROI,ROC)			
Har bolaget marknadsfördelar i siffror			
6 Ökar vinsten per aktie med 10% eller mer per år under 10 år			
Vinst per aktie i % (Earnings/Share, EPS)			
7 Ökar försäljningen med 10% eller mer per år under 10 år			
Försäljningstillväxten i % (Sales, Revenue)			
8 Ökar ROE med 10% eller mer per år under 10 år			
Avkastning på eget kapital i % (Return On Equity, ROE)			
9 Ökar Fritt kassaflöde med 10% eller mer per år under 10 år			
Fritt kassaflöde i % (Free Cash Flow)			

Nyckeltal	Pris/aktie	P/E-tal	Vinst/aktie
10 Nuvarande värden			
11 72 delat med Rad 6 ger antal år för dubbling		10 delat med år för dubbling	
12 Framtida vinst/aktie om 10 år är		Vinst/aktie multiplicerat med Rad 11	
13 Framtida P/E-tal om 10 år är		Rad 6 multiplicerat med 2 (dubba Rad 6)	
14 Framtida marknadspris per aktie om 10 år är		Rad 12 multiplicerat med Rad 13	

	Pris
15 Målkurs med framtida aktievinst om 15%	Rad 14 delat med 4
16 Super REA-priset - hög säkerhetsmarginal	Rad 15 delat med 2

På samma sätt svarar du på följande fyra frågor och skriver svaret i din analys.

6. **Ökar vinsten per aktie (EPS) med mer eller lika med 10% under de senaste 10 åren?**

Svaret hittar du i faktabladet som tidigare under "**Earnings/Share**" i %" Skriv in siffran under 10Y.

7. **Ökar försäljningen med mer eller lika med 10 % per år de senaste 10 åren? Samt försäljningstillväxten i % 10Y hämtar du under "Revenue %" i faktabladet.**

8. **Ökar avkastningen på eget kapital (Return on Equity, ROE) med mer eller lika med 10 % per år de senaste 10 åren?**

ROE tillväxten i % **10Y Avg** hämtar du under "**Return on Equity %**" i faktabladet.

9. **Ökar fritt kassaflöde (Free Cash Flow) med mer eller lika med 10 % per år de senaste 10 åren?**

Tillväxten av fritt kassaflöde i % 10Y. Hämtar du i faktabladet under " **Free Cash Flow %**".

Du har nu svaret på frågan om bolaget har starka marknadsfördelar serverat i siffror.

Om ett bolag har riktigt starka marknadsfördelar som **Warren Buffett** har beskrivit som att bolag behöver ett starkt ekonomiskt "**Moat**", vilket betyder en vallgrav som skyddar bolaget mot att ett annat bolag tar över marknadsandelar och försämrar resultatet för vårt bolag.

Om svaret är ja på alla de fyra frågorna i rad 6 till 9 då har bolaget säkert ett starkt skydd och skulle ett av svaren inte vara helt övertygande så är marknadsfördelarna ändå ganska starka. Du vill helst ha alla med svaret "Ja" då har du mer säkerhet men kan nöja dig med tre också.

128

Nu ska vi studera några till nyckeltal men det gör du bara om du är nöjd med resultatet i de tidigare frågorna i din analys.

10. **Skriva upp aktuellt pris per aktie, nuvarande P/E-tal och vinsten per aktie.**

Högst upp på sidan 2 i faktabladet från Morningstar, till höger står det senaste priset i svenska kronor som du skriver in i din analys. Sedan ska vi titta på den första sidan i faktabladet. Där hittar du **P/E-talet** under **"Price / Earnings"**.

Det är P/E-talet för senaste året du skriver i analysbladet. Samma sak gör du med siffran under **"Basic Earn. Per Share"** som anger vinsten per aktie från senaste bokslutet.

Nu ska du använda dig av **72 regeln** som jag beskrev lite i kapitel 7. **72 regeln** används till att få reda på hur många år som behövs för en fördubbling med en given ränta.

11. **Dela 72 med årliga ökningen av vinsten per aktie i procent som du skrivit upp under fråga 6.**
    Skriv svaret du får fram i under fråga 11. Det är antalet år för en fördubbling med den procentuelle ökningen av **"EPS"**, Vinsten per aktie.
    Dela sedan antalet framtida år som är 10 med den siffran du angett som antal år för fördubbling. Skriv sedan in det svaret också under fråga 11.

12. **Den uppskattade framtida vinsten för bolaget om 10 år får du fram om du tar vinsten per aktie från fråga 10 och multiplicerar med den sista siffran du noterade i analysen i fråga 11.**
    Skriv svaret vid fråga 12.

13. **Det framtida P/E-talet om 10 år får du fram genom att på nytt hämta den årliga ökningen av vinsten per aktie i procent som du skrivit upp under fråga 6 och multiplicera med siffran 2.**
    Skriv svaret vid fråga 13.

Bolagens normala P/E-tal brukar vanligen vara mycket nära en fördubbling av tillväxttalet i procent för ökningen av vinsten per aktie, (EPS tillväxttal i %), Den noggrannheten räcker för oss i den här analysen.

14. **Bolagets framtida marknadspris per aktie får du nu om du multiplicerar siffran under fråga 12 med siffran under fråga 13.**

Lägg märke till att det inte är det priset vi ska använda som mål-pris i din analys.

Vi går till nästa del i analysen där vi ska finna ut ett mål-pris för aktien och ett pris som vi är beredda att köpa aktierna för.

Målet för dig när du använder Super-REA metoden är att minst uppnå en avkastning på dina investeringar med 15 % per år för att täcka alla avgifter, skatter och inflation och ändå få över en bra vinstökning i din portfölj.

15. **Här ska du skriva upp målpriset för aktien vilket är det pris som när aktiepriset ökat till en nivå högre är målpriset, då ska du sälja.**
    Ta siffran från fråga 14 och dela det med 4. Alltså en fjärdedel av marknadspriset blir vårt mål-pris om 10 år.

16. **Nu ska du räkna ut ett pris du vill köpa bolagets aktier för med mycket hög säkerhetsmarginal som ger dig stora möjligheter till en framtida väldigt stor vinst.**

Super-REA-priset får du om du tar målpriset från fråga 15 och delar det med 2.

Alltså en rabatt med 50 % mot målpriset. Skriv in det priset i din analys under fråga 16.

Nu är din Super-REA analys klar och du vet vilket pris du ska köpa vid och du vet vilket pris ungefär som du ska sälja när det har passerat.

Du har nu anledning att se på de fyra frågorna i början av analysen och kanske ändra uppfattning jämfört med vad du tyckte i början innan du tittade på nyckeltal och siffror.

Är det här en excellent aktie som du vill kunna köpa till ett mycket lågt pris när det blir **Super-REA**. Då är det bara att vänta med stort tålamod till när det händer något som gör att just det här bolagets aktie finns till utförsäljningspris. När du väntar behöver du bevaka vad som händer med bolaget och vad som händer med priset på aktien.

Två saker till du bör göra, om du vill köpa bolagets aktier till REA-priset, är att försöka se vad som skulle kunna förstöra bolagets framtid och minska bolagets vinst som en riskanalys. Eller om något annat kan hända som gör att bolagets marknadsfördelar minskar. Försök alltså i tanken att sabotera bolagets framtid.

Det andra du bör göra är att lära dig mer om bolaget, dess verksamhet och den marknad bolaget verkar på.

Som jag berättade tidigare är kärnan i den här metoden att du med så hög säkerhetsmarginal som möjligt köper ett excellent bolags aktier. Alltså ett verkligt bra bolag till ett verkligt lågt REA-pris och behåller det så länge att det passerar målprisets nivå. Då säljer du aktierna i det bolaget och investerar i nästa excellenta bolag. Är du en person som tycker det är bra att köpa saker till halva priset, då är du redan en Super-REA person.

När du hittat ett bra bolag som du vill analysera med Super-REA metoden ska du först fundera över de första frågorna i listan och även ställa dig frågan om du verkligen vill äga det här bolaget. Alltså skulle du vilja äga hela bolaget. Om du vill det så är det klokt att även vilja äga en andel av bolaget genom att köpa aktier i det bolaget.

Nu kan du göra en Super-REA analys. Med hjälp av den kan du nu hitta de bolag som är väldigt bra bolag att investera i som när de hamnar i en tillfällig svårighet kan ge dig väldigt stor utveckling av din portfölj och återinvesterar du, vet du nu att du verkligen kan skapa dig en förmögenhet och beskriva dig som superbra på aktier.

12   En superbra investerare

Jag vill tacka dig för att du investerat i kunskaper genom att köpa min bok och jag önska dig lycka till med dina investeringar. Jag vet att det kommer gå bra för dig om du använder dig av de kunskaper som jag här har försökt förmedla till dig.

Det är kunskaper som jag fått under mina 45 år som investerare och alla böcker jag har läst och alla föredrag och intervjuer som jag lyssnat på, här komprimerat i en bok till dig.

Det finns många saker som jag inte tagit upp i den här boken, "Bli Superbra På Aktier", för att jag tagit upp det som jag tycker är extra viktigt att kunna och för att boken inte skulle bli alldeles för innehållsrik, då hade du troligen inte orkat läsa hela boken.

Det som jag medvetet uteslutit ser jag som mindre viktigt men det finns säkert anledning att du utbildar dig själv mer genom att läsa andra böcker i ämnet.

Det finns ytterligare en sak som verkligen kan göra dig till en superbra investerare som jag vill ta upp här innan du avslutar läsningen av boken. Om du verkligen vill bli en superbra investerare tror jag att du inser att du behöver läsa flera gånger och om du ska använda någon av metoderna behöver du se mellan bokens pärmar flera gånger.

Hanteringen av risk i samband med dina investeringar är mycket viktigt har vi tagit upp tidigare. Faktum är att det är mycket viktigare än de flesta investerare inser. Men även om du inser vikten av att ha kontroll över de saker som gör att det finns risker.

Även de som kan vara mindre kända eller helt okända vilka kan sabotera resultatet för dina investeringar. Trots att du är väl förberedd behöver du också ha insikten i att den största risken som du utsätter din investeringsportfölj för, är du själv.

Det är faktiskt så att du utgör största hotet för din ekonomi och hur dina investeringar utvecklar sig över tiden. Det här kanske kommer som en chock för dig, men det är verkligen så.

Vi är skapta för ett liv i en otrygg värld med farliga djur och många andra ytterst farliga situationer.

Även om du tror på att evolutionen har påverkat utvecklingen av oss människor och i synnerhet du själv till att bli skapelsens krona, eller i det närmaste en god bit på vägen att bli det.

Har faktiskt vissa saker inte utvecklats till samma nivå som den stora helheten. **Den smarta och välskapta människan.**

Du måste förstå att vi, du och jag, fortfarande är i vissa avseenden en grottmänniska, i andra avseenden är vi en medlem i flocken och trivs bra i flockens trygga miljö.

I andra avseenden är vi, du och jag, känslomänniskor.

Det är ju många gånger bra att vi kan klara oss i naturen med dess faror och utmaningar.

Visst är det bra att vi är sociala människor som klarar av att leva i ett samhälle där många bor på samma plats och att vi är med i grannskapen och att vi är med i föreningar.

Att vi stöttar och hjälper varandra när det behövs. Och visst är det bra att vi kan visa varandra våra känslor och prata om hur vi mår, både fysiskt och mentalt.

Men om du vill utvecklas till en riktig investerare behöver du vara lite som Dr. Jekyll och Mr. Hyde.

I samma person behöver du kunna vara en känslomässigt utvecklad, social person som överlever svårigheter och faror om de uppstår.

Men du behöver också, när du investerar, vara en känslokall enstöring som går dina egna vägar och inte rusar iväg och gör saker i panik om en fara dykerupp.

Det är där den stora svårigheten ligger i att kombinera Dr. Jekyll och Mr. Hyde.

Det är där den stora utmaningen ligger för dig som investerare, att minska risken av att dina egna BIAS påverkar resultatet för dig.

Minska risken av dig själv!

Som jag skrev tidigare så är du själv din största fiende när det gäller dina egna investeringar.

Det finns sätt att klara av den utmaningen.

Genom att, som jag berättat tidigare, ha en bra strategi som alltid fungerar.

Genom att även ha några bra och logiska metoder som stöder din strategi eller som stöds av din strategi kanske är bättre.

På det sättet skapar du bättre förutsättningar för att du ska lyckas.

Men om du ibland börjar göra egna beslut och val som inte rimmar med din strategi och dina metoder, det är då du tror att du är smart...

Det kan då visa sig att du kan ha tur och klara dig utan skada eller till och med få stor vinst.

Men du kan också ha försatt dig i en situation som ger dig stor ekonomisk skada. En situation som i värsta fall kan ruinera dig.

Det är endast genom kunskap om det här som du kan förstå när du riskerar att tänka och agerar på fel sätt.

Det är med kunskap du minimerar risken!

Läs det en gång till så att du befäster den här kunskapen.

Det är med kunskap du minimerar risken!

Hoppas du nu har fått de kunskaper som du inte hade råd att vara utan och att du nu kan se dig som en riktig investerare.

Med övning ska du se att du blir superbra på aktier och att du också kan slå börsproffsen.

Mitt mål har varit att ge dig det som jag lärt mig.

Nu lämnar jag över stafettpinnen till dig och det är nu ditt ansvar att förvalta de här kunskaperna på ett klokt sätt.

Nu är du en superbra riktig investerare!

Var så god, nu tar du över.

Lycka till!

//Jan Öberg

Det här är en lista med 34 punkter som hjälper dig att ha en riktig investerares kontroll över situationen när du investerar på aktiemarknaden.

Om svaret är JA! på alla frågorna, då kan du kalla dig en superbra investerare som vet vad som är viktigt att tänka på.

1. Sparar du regelbundet?

2. Investerar du bara när du hittar bra investeringsobjekt?

3. Har du gjort en bedömning av om börsen är dyr eller billig?

4. Har du gjort en bedömning av världsläget för ekonomin?

5. Har du gjort en analys av bolaget du vill investera i?

6. Har du använt fakta vid analysen?

7. Har bolaget du vill investera i god ekonomi?

8. Köper du en andel av ett bolag?

9. Har du tänkt långsiktigt?

10. Det är väl de bortglömda bolagen du ska investera i till REA-pris?

11. Har du en bra strategi som alltid fungerar?

12. Har du tänkt på att tiden är din vän och impulsen är din fiende?

13. Har du skrivit ned varför du köper just det bolagets aktier?

14. Har du ett kritiskt tänkande när du valt bolag att investera i?

15. Är du contrarian och tänker utanför boxen?

16. Har du koll på att det inte är ett BIAS som spelar dig ett spratt?

17. Är det en investering du vill göra?

18. Är bolaget välkänt men inte har ett för högt pris?

19. Har aktien ett pris som är lägre än bolagets värde?

20. Är riskerna låga och du har en hög säkerhetsmarginal?

21. Har du tålamod att vänta till att din analys visar sig vara rätt?

22. Är du ensam om att ha hittat detta bolag?

23. Vet du varför du ska sälja aktierna när den tiden kommer?

24. Har du valt en logisk strategi som stöd?

25. Har du en välbeprövad metod för dina analyser och val?

26. Förstår du vad bolagets verksamhet är?

27. Förstår du vad som kan påverka bolaget negativt?

28. Förstår du vad som kan påverka bolaget positivt?

29. Har du förtroende för bolagets ledning?

30. Är marknadscykelns läge gynnsamt för bolagets verksamhet?

31. Befinner vi oss inte i en bubbelfas?

32. Har du tänkt på att det kan hända oförutsedda saker?

33. Återinvesterar du och får ränta på ränta?

34. Repeterar du listan regelbundet?

Egna noteringar och saker att tänka på:
. . . .
. . . .
. . . .
. . . .
. . . .
. . . .
. . . .